JN076654

令和4年7月〜9月　第128集

裁決事例集

一般財団法人 大蔵財務協会

　現在、国税不服審判所における審査請求事件の裁決については、法令の解釈、運用上先例となり、他の参考となる重要な判断を含んだもの、また、事実認定に関し他の参考となる判断を含んだもの等が公表されています。

　本書は、国税不服審判所より公表された裁決を、多くの税理士、公認会計士、弁護士、行政法学者等の方々の便に資するため四半期ごとに取りまとめて「裁決事例集」として発行しているものです。

　今版は、「裁決事例集（第128集）」として、令和4年7月から令和4年9月分までの間に公表された裁決を収録しておりますが、今後公表される裁決についても逐次刊行していく予定です。

　本書が、日頃の税務上の取扱いの判断の参考となり税務事務の一助となれば幸いです。

　なお、収録されている裁決が、その後の国税に関する処分の取消訴訟において、その処分の全部又は一部が取り消されている場合がありますので、本書のご利用に際してはご注意ください。

令和5年5月

目　　次

〈令和 4 年 7 月分から 9 月分〉

一　国税通則法関係

（重加算税　隠ぺい、仮装の認定　認めなかった事例）

1　請求人が法定申告期限までに申告書を提出しなかったことについて、仮装又は隠蔽に該当する事実はなかったとして重加算税の賦課決定処分を取り消した事例（①平成25年 4 月 1 日から平成26年 3 月31日までの事業年度の法人税に係る重加算税の賦課決定処分、②平成26年 4 月 1 日から平成31年 3 月31日までの各事業年度の法人税に係る重加算税の各賦課決定処分、③平成25年 4 月 1 日から平成26年 3 月31日までの課税事業年度の復興特別法人税に係る重加算税の賦課決定処分、④平成27年 4 月 1 日から平成31年 3 月31日までの各課税事業年度の地方法人税に係る重加算税の各賦課決定処分、⑤平成29年 4 月 1 日から平成31年 3 月31日までの各課税期間の消費税及び地方消費税に係る重加算税の各賦課決定処分・①③全部取消し、②④⑤一部取消し・令和 4 年 7 月 1 日裁決）・・・・・・・・・・・・・・・・・・・・・・・・・・・　3

二　所得税法関係

（不動産所得　必要経費　減価償却費）

2　一括して売買された土地及び建物の購入の対価は、合理的な基準によりあん分して算定すべきであるとされた事例（平成28年分から平成30年分までの所得税及び復興特別所得税の各更正処分並びに過少申告加算税の各賦課決定処分・一部取消し・令和 4 年 9 月 9 日裁決）・・・　29

三　法人税法関係

（その他の資産の譲渡原価）

3　請求人が購入した電子マネーの購入対価について、その一部は売上原価として損金の額に算入されるとした事例（①平成27年１月１日から平成27年12月31日まで、平成28年１月１日から平成28年12月31日まで、平成29年１月１日から平成29年12月31日まで、平成30年１月１日から平成30年12月31日まで及び平成31年１月１日から平成31年２月28日までの各事業年度の法人税の各更正処分及び過少申告加算税の各賦課決定処分、②平成27年１月１日から平成27年12月31日まで、平成28年１月１日から平成28年12月31日まで、平成29年１月１日から平成29年12月31日まで及び平成30年１月１日から平成30年12月31日までの各課税事業年度の地方法人税の各更正処分及び過少申告加算税の各賦課決定処分、③平成31年１月１日から平成31年２月28日までの課税事業年度の地方法人税の更正処分、④平成27年１月１日から平成27年12月31日まで、平成28年１月１日から平成28年12月31日まで、平成29年１月１日から平成29年12月31日まで、平成30年１月１日から平成30年12月31日まで及び平成31年１月１日から平成31年２月28日までの各課税期間の消費税及び地方消費税の各更正処分及び過少申告加算税の各賦課決定処分・①②全部取消し、一部取消し、③全部取消し、④棄却・令和４年８月４日裁決）……　47

（役員報酬　過大報酬の判定）

4　請求人の取締役に対する給与の額に不相当に高額な部分はないとした事例（①平成27年12月1日から平成28年11月30日まで、平成28年12月1日から平成29年11月30日まで、平成29年12月1日から平成30年11月30日まで、平成30年12月1日から令和元年11月30日まで及び令和元年12月1日から令和2年11月30日までの各事業年度の法人税の各更正処分並びに過少申告加算税の各賦課決定処分（平成30年12月1日から令和元年11月30日までの事業年度の法人税の更正をすべき理由がない旨の通知処分を併せ審理）、②平成27年12月1日から平成28年11月30日まで、平成28年12月1日から平成29年11月30日まで、平成29年12月1日から平成30年11月30日まで及び令和元年12月1日から令和2年11月30日までの各課税事業年度の地方法人税の各更正処分並びに過少申告加算税の各賦課決定処分、③平成30年12月1日から令和元年11月30日までの課税事業年度の地方法人税の更正処分（更正をすべき理由がない旨の通知処分を併せ審理）・①全部取消し、一部取消し、②全部取消し、③一部取消し・令和4年7月1日裁決）…………………………　69

一　国税通則法

〈令和4年7月〜9月分〉

事例1 （重加算税　隠ぺい、仮装の認定　認めなかった事例）

> 　請求人が法定申告期限までに申告書を提出しなかったことについて、仮装又は隠蔽
> に該当する事実はなかったとして重加算税の賦課決定処分を取り消した事例（①平成
> 25年4月1日から平成26年3月31日までの事業年度の法人税に係る重加算税の賦課決
> 定処分、②平成26年4月1日から平成31年3月31日までの各事業年度の法人税に係る
> 重加算税の各賦課決定処分、③平成25年4月1日から平成26年3月31日までの課税事
> 業年度の復興特別法人税に係る重加算税の賦課決定処分、④平成27年4月1日から平
> 成31年3月31日までの各課税事業年度の地方法人税に係る重加算税の各賦課決定処分、
> ⑤平成29年4月1日から平成31年3月31日までの各課税期間の消費税及び地方消費税
> に係る重加算税の各賦課決定処分・①③全部取消し、②④⑤一部取消し・令和4年7
> 月1日裁決）
>
> 《ポイント》
> 　本事例は、請求人は調査の際に一定の書類を提示しており、提示しなかった段ボー
> ル箱の中に特段重要な書類があったとの証拠はなく、請求人が破棄したとする書類が
> いかなるものか明らかではないこと、一部の通帳を提示しなかったのは、その存在を
> 失念していたからである可能性が否定できないことなどから、請求人に仮装又は隠蔽
> に該当する事実があったとは認められないとしたものである。

《要旨》

　原処分庁は、請求人は、①請求人には申告すべき所得金額が発生しており、申告が必
要であるとの認識があったこと、②事業に関する書類を段ボール箱に入れて保管してい
たにもかかわらず、原処分に係る調査（本件調査）の際に提示せず、請求人の代表者
（本件代表者）が事業に関する帳簿や書類は破棄した旨申述したこと、③多額の売上が
入金された預金口座（本件口座）に係る通帳を提示しなかったこと、④総勘定元帳等の
帳簿を作成しなかったことから、国税通則法第68条《重加算税》第2項に規定する「隠
蔽し、又は仮装し」に該当する事実があった旨主張する。

　しかしながら、請求人には利益が出ており、申告が必要であるとの認識があったこと
は認められるものの、帳簿を作成していなかったことそれ自体は隠蔽とも仮装ともいえ

ない。また、本件代表者は、本件調査において一定の書類を提示しているところ、本件調査の際に提示しなかったという段ボール箱の中に特段重要な書類があったという証拠はなく、本件代表者の書類を破棄した旨の申述については、提示した書類以外にいかなる書類が存在し何を破棄したのか明らかではない。さらに、本件口座に係る通帳を提示しなかったことは認められるものの、本件口座以外の5つの口座に係る預金通帳は提示しており、その中には本件口座と同じ銀行、支店の請求人名義の別の口座が含まれていたことなどからすると、通帳の存在を失念するなどして提示しなかった可能性を否定できない。これらのことなどからすると、請求人に、隠蔽、仮装と評価すべき積極的な行為が存在し、これに合わせた無申告行為があったとは認められず、また、請求人の無申告行為が、当初から課税標準額及び税額等を法定申告期限までに申告しないことを意図し、その意図を外部からもうかがい得る特段の行動をした上、その意図に基づき法定申告期限までに申告をしなかったような場合に当たるとも評価することはできず、請求人に「隠蔽し、又は仮装し」に該当する事実があったとは認められない。

《参照条文等》

　国税通則法第68条第2項

（令和4年7月1日裁決）

《裁決書（抄）》

1 事 実

(1) 事案の概要

本件は、太陽光発電関連事業等を営む審査請求人（以下「請求人」という。）が、法人税等及び消費税等の期限後申告書を提出したところ、原処分庁が、請求人に隠蔽又は仮装及び偽りその他不正の行為があるとして、法人税等及び消費税等に係る重加算税の賦課決定処分をしたのに対し、請求人が、調査手続に賦課決定処分の取消事由となる違法があり、また、隠蔽又は仮装及び偽りその他不正の行為はないとして、その全部の取消しを求めた事案である。

(2) 関係法令

関係法令は、別紙2のとおりである。

なお、別紙2で定義した略語については、以下、本文においても使用する。

(3) 基礎事実及び審査請求に至る経緯

当審判所の調査及び審理の結果によれば、以下の事実が認められる。

イ 請求人は、平成3年4月○日に設立された法人であり、平成25年頃に自然エネルギー利用発電の企画、設計、許認可取得代行、用地取得、設備機器の販売及び設置工事に係る事業（以下「本件事業」という。）を開始した。

ロ 請求人は、本件事業に係る総勘定元帳等の帳簿を作成していなかった。

ハ 請求人は、原処分庁に対して、法人税、復興特別法人税及び地方法人税（以下、これらを併せて「法人税等」という。）並びに消費税及び地方消費税（以下「消費税等」という。）について、以下の各確定申告書をいずれも法定申告期限までに提出していなかった。

(イ) 法人税

平成25年4月1日から平成26年3月31日までの事業年度（以下「平成26年3月期」といい、他の事業年度についても同様に表記する。）、平成27年3月期、平成28年3月期、平成29年3月期、平成30年3月期及び平成31年3月期（以下、これらを併せて「本件各事業年度」という。）の法人税の各確定申告書

(ロ) 復興特別法人税及び地方法人税

平成25年4月1日から平成26年3月31日までの課税事業年度（以下「平成26

— 5 —

年3月課税事業年度」といい、他の課税事業年度についても同様に表記する。)
の復興特別法人税並びに平成28年3月課税事業年度、平成29年3月課税事業年
度、平成30年3月課税事業年度及び平成31年3月課税事業年度の地方法人税の
各確定申告書

(ハ) 消費税等

平成29年4月1日から平成30年3月31日までの課税期間及び平成30年4月1
日から平成31年3月31日までの課税期間(以下、これらを併せて「本件各課税
期間」という。)の消費税等の各確定申告書

ニ 原処分庁所属の調査担当職員及びJ国税局長所属の調査担当職員(以下、両者
を併せて「本件調査担当職員ら」という。)は、令和2年2月5日に平成27年3
月期ないし平成31年3月期の法人税、平成28年3月課税事業年度ないし平成31年
3月課税事業年度の地方法人税及び本件各課税期間の消費税等を対象とする調
査を開始し、令和2年3月12日に平成26年3月期の法人税及び平成26年3月課税
事業年度の復興特別法人税を対象とする調査を追加した(以下、追加の前後にか
かわらずこれらの調査を「本件調査」という。)。

ホ 原処分庁は、令和2年3月23日に、別表1ないし別表4の「確定申告」欄のと
おり記載され、請求人の社判及び代表者印が押印された上記ハに係る法人税等及
び消費税等についての各確定申告書(以下「本件各申告書」という。)を収受し
た。

ヘ 原処分庁は、令和2年3月31日付で、いずれも別表1ないし別表4の「賦課決
定処分」欄のとおり、重加算税の各賦課決定処分をし、その処分の通知書は請求
人に対し同年4月6日に送達された。

ト 請求人は、上記への各処分を不服として、令和2年7月1日に、別表1ないし
別表4の「再調査の請求」欄のとおり再調査の請求をしたところ、再調査審理庁
は、同年9月25日付で、いずれも別表1ないし別表4の「再調査決定」欄のとお
り、棄却の再調査決定をし、その決定書謄本は請求人に対し同月29日に送達され
た。

チ 請求人は、再調査決定を経た後の原処分に不服があるとして、令和2年10月28
日に審査請求をした。

2 争 点

(1) 本件調査の手続に原処分を取り消すべき違法があったか否か（争点1）。

(2) 請求人に、通則法第68条第2項に規定する「隠蔽し、又は仮装し」に該当する事実があったか否か（争点2）。

(3) 請求人に、通則法第70条第4項第1号に規定する「偽りその他不正の行為」に該当する事実があったか否か（争点3）。

3 争点についての主張

(1) 争点1（本件調査の手続に原処分を取り消すべき違法があったか否か。）について

原処分庁	請求人
以下のとおり、本件調査の手続に原処分を取り消すべき違法はなかった。 イ 本件調査担当職員らは、令和2年3月19日、請求人の代表者（以下「本件代表者」という。）に対して、本件各申告書の案等を提示し、その内容を説明したところ、本件代表者が本件各申告書の案に請求人の社判と代表者印を押印し、本件各申告書を作成した。これを受け、本件調査担当職員らは、本件代表者に対して、原処分庁の本件調査の結果（以下「本件調査結果」という。）の説明についての決裁（以下「本件決裁」という。）後に本件各申告書を提出するよう依頼したが、本件代表者から「今日、持ち帰ってくれ」との申出があったことから本件各申告書を預かったものであり、その際に、通則法第74条の11第3項所定の事項を記載した「修正申告等について」と題する書面（以下「本件教示書面」とい	以下のとおり、本件調査の手続に原処分を取り消すべき違法があった。 イ 本件調査担当職員らが、本件決裁の前である令和2年3月19日に、本件代表者に対して、詳しい書類の内容説明もなく、本件各申告書の案を作成・提示したこと、本件各申告書の案への請求人の代表者印の押印を止めずに持ち帰ったこと及び期限後申告書を提出した場合の不利益を記載している本件教示書面を手交し説明したことは、明らかに通則法第74条の11に違反する。

う。）を交付し、期限後申告に伴う法的
効果について説明した。そうすると、本
件調査担当職員らが本件決裁の前に本件
教示書面を交付したことは、本件代表者
からの申出に起因するものと認められ
る。

　なお、調査の終了の際の手続は、課税
処分の基礎となる証拠資料の収集手続に
影響を及ぼさない手続であるから、原処
分の取消しの要否の判断には影響しな
い。

ロ　本件調査担当職員らは、令和2年3月
23日、請求人の事務所兼本件代表者の自
宅において、同月19日付質問応答記録書
の内容の一部の文言の整理を行った上、
聴き取りしていたが記載していなかった
項目を追加し、金額等が誤っていた当該
質問応答記録書の別紙を訂正して、再
度、質問応答記録書を作成した。また、
その後、同日に、本件決裁を終了し、本
件代表者に対して電話で同月19日に説明
したとおりで本件決裁が終了した旨、本
件各申告書を収受する旨及び加算税の賦
課決定通知書を送付する旨の説明を行っ
た。

ロ　原処分庁は、非違の内容を説明してい
ないことから、本件調査結果の説明があ
ったとはいえない。

　また、原処分庁は、令和2年3月19
日、金額等が誤っていた質問応答記録書
の別紙に基づき、本件各申告書の案の説
明を行い、かつ、内容に誤りのある本件
各申告書の案に代表者印等を押印させ
た。

　さらに、本件代表者は、本件調査担当
職員らとは、令和2年3月19日に会った
のが最後で、同月23日には本件調査担当
職員らと面談したこともなく、電話で本
件調査結果の説明を受けた記憶もないこ
とから、本件代表者は、同月23日に本件
各申告書の内容を確認しておらず、代表
者の記名及び押印も行っていない。

(2)　争点2（請求人に、通則法第68条第2項に規定する「隠蔽し、又は仮装し」に該

— 8 —

当する事実があったか否か。）について

原処分庁	請求人
以下のとおり、請求人には、通則法第68条第2項に規定する「隠蔽し、又は仮装し」に該当する事実があった。	以下のとおり、請求人には、通則法第68条第2項に規定する「隠蔽し、又は仮装し」に該当する事実はなかった。
イ 本件代表者は、本件各事業年度において、請求人に確定申告すべき所得金額が発生していること及び請求人の申告が必要であることの認識があった。 　また、本件代表者の申述によれば、本件代表者は少なくとも平成30年10月15日までに平成28年3月期及び平成29年3月期の各決算報告書（以下「本件各決算報告書」という。）を作成していると認められるところ、そこには当期純利益の金額が記載されているのであるから、申告することが可能であった。 　請求人は、これらのことにもかかわらず、本件調査が行われるまで、あえて、法人税等及び消費税等の確定申告書を提出しなかったと認められる。	イ 請求人は、正規の簿記に基づく収支計算を行っておらず、総勘定元帳等の帳簿も作成していないことから、本件各事業年度の各所得金額等を認識していなかった。 　また、本件代表者は、請求人の確定申告を行うために、本件各決算報告書を作成し、平成30年10月15日に本件各決算報告書を持参してK税務署に出向き、請求人の申告書の作成を依頼したところ、税理士に相談するように指導された。 　K税務署が、本件各決算報告書に基づき申告書原案を作成し、本件代表者に提示していれば、請求人は、平成28年3月期及び平成29年3月期の法人税の確定申告書を提出できたと思料する。
ロ 本件代表者は、本件事業に関する書類を段ボール箱に入れて保管していた（以下、当該段ボール箱を「本件段ボール箱」という。）にもかかわらず、これらの書類を本件調査担当職員らへ提示しないばかりか、①本件事業に関する帳簿や書類は事業を辞めたので捨てた旨、②本件事業に関する帳簿を作成しなかった	ロ 請求人は、総勘定元帳等のような帳簿は作成していないが、申告に必要な書類は破棄も隠匿もしておらず、預金通帳、係争中の案件や大規模案件等の売買契約書等の重要資料は本件調査担当職員らに提示し、本件調査担当職員らから提示を求められた書類も、その都度提示した。その他、重要でない書類は本件段ボール

旨、③本件事業に関する書類のうち裁判に必要な書類以外はほとんど捨てている旨、及び④本件事業に関する書類について保存義務があることは知っていたが申告するつもりがなく、取引が終了した書類は必要ないと考え捨てた旨申述した。

箱に入れて本件代表者の自宅の押入れで保管しており、本件段ボール箱は再調査審理庁の担当職員（以下「本件再調査担当職員」という。）に提示した。

原処分庁は、請求人がどの書類を破棄したのか、隠匿した書類は何であるか、具体的な書類の種類、名称を示していないので、隠蔽又は仮装に当たらない。

なお、本件代表者は、偽りの発言をしたことはない。

ハ　本件代表者は、本件調査担当職員らに対して、請求人に帰属する多額の売上げの入金がある一部の預金通帳を提示せず、また、その口座の存在も告げなかったことが認められる。

ハ　本件代表者は、本件調査担当職員らからの求めに応じて、令和２年２月７日午前中までに保持していた預金通帳を全て提示している。

ニ　以上イないしハのことからすると、本件代表者は、請求人の本件各事業年度の法定申告期限までに申告すべき所得金額が発生していることの認識があったにもかかわらず、請求人の事業に係る帳簿書類を作成しなかった旨又は破棄した旨申述し、総勘定元帳等の帳簿を作成していなかったことなど、請求人の事業における収益及び対価の享受に係る事実（所得金額）を隠蔽し、あるいは故意に脱漏したものであり、結果として請求人の課税標準等又は税額等の計算の基礎となる事実（所得金額）を隠蔽したものと認められる。

ニ　本件調査担当職員らが本件各申告書の案を作成したが、その内容について、課税要因の事実関係（日付、金額、内容、相手先等）が明確ではないから、原処分庁は、隠蔽又は仮装したと認定することはできない。

(3) 争点3（請求人に、通則法第70条第4項第1号に規定する「偽りその他不正の行為」に該当する事実があったか否か。）について

原処分庁	請求人
イ　上記(2)の「原処分庁」欄のとおり、請求人の行為は、通則法第68条第2項の課税要件を満たすものであるから、通則法第70条第4項第1号に規定する「偽りその他不正の行為」に該当する。 ロ　本件代表者が、①本件調査担当職員らの通帳の提示の求めに対して多額の売上げが入金された請求人名義の預金通帳を提示しなかったこと、②総勘定元帳等の帳簿を作成しなかったこと、及び③本件事業に関する書類について保存義務があることを知っていたにもかかわらず、申告するつもりがなく、取引が終了した書類は必要がないと考え捨てたことは、税額を免れる意図の下で行った税の賦課徴収を不能又は著しく困難にするような偽計その他の工作を伴う不正な行為であると認められ、通則法第70条第4項第1号に規定する「偽りその他不正の行為」に該当する。	原処分庁は、左記の「原処分庁」欄のとおり主張するが、①銀行入金額のほとんどが入金時には預り金であること、②本件代表者に確定申告書を作成できる能力がないので、本件各決算報告書を作成し申告相談にK税務署に出向いていること、③所持している通帳（本件段ボール箱に入っていた通帳は除く。）は全て提示していること、④本件代表者は書類を隠匿しておらず、本件調査の時に提示した書類以外の事業書類も本件段ボール箱で保管していたこと、及び⑤本件段ボール箱については、本件再調査担当職員が開封して確認を行ったことから、請求人に、「偽りその他不正の行為」に該当する事実はない。

4　当審判所の判断

(1)　争点1（本件調査の手続に原処分を取り消すべき違法があったか否か。）について

イ　認定事実

　　請求人提出資料、原処分関係資料並びに当審判所の調査及び審理の結果によれば、以下の事実が認められる。

(イ)　質問応答記録書について

　　本件調査担当職員らは、本件調査において、令和2年2月7日付、同年3月19日付及び同月23日付の各質問応答記録書を作成した。

　A　令和2年2月7日付の質問応答記録書は、同月5日に行われた本件代表者と本件調査担当職員らとの質問応答の要旨を録取したものであり、同年3月19日付及び同月23日付の各質問応答記録書は、いずれも同月19日に行われた本件代表者と本件調査担当職員らとの質問応答の要旨を録取したものである。

　B　本件代表者は、上記Aの各質問応答記録書の内容について訂正を申し出ることなく問答末尾に署名及び押印するとともに、同記録書の各ページに設けられた「確認印」欄並びに令和2年3月19日付及び同月23日付の同記録書に添付された各資料の各ページにそれぞれ押印した。

(ロ)　令和2年3月19日に行った本件調査について

　A　本件調査担当職員らは、請求人の事務所兼本件代表者の自宅において、本件各事業年度における請求人の所得金額、納付税額等を説明するため、本件代表者に対して本件調査による所得金額、納付税額等を記載した調査事項検討表（以下「本件検討表」という。）を手交するとともに、本件検討表及び本件検討表等を基に作成した本件各申告書の案を示しながら内容を説明したところ、本件代表者は、本件各申告書の案に請求人の社判及び代表者印を押印し、本件各申告書を作成した。

　B　上記Aのとおり、本件代表者が本件各申告書を作成したことを受け、本件調査担当職員らは、本件代表者に対して本件各申告書の提出は本件決裁の後に行うよう依頼したが、本件代表者からは、本日（令和2年3月19日）に本件各申告書を持ち帰ってほしい旨の申出があった。

　C　上記Bの申出を受け、本件調査担当職員らは、本件各申告書を収受する日は本件決裁の後とすることとし、その旨、本件代表者の了承を得た上で、本件各申告書を預かった。その際、本件調査担当職員らが、本件決裁の後に本件調査結果の説明を行う旨を伝えたところ、本件代表者は、本件調査結果の説明は電話でよい旨申し出た。

　D　そして、本件調査担当職員らは、本件各申告書を預かるに当たり、本件代表者に対して本件教示書面を手交の上、その内容を説明した。

E　また、同日、上記(イ)のとおり、令和2年3月19日付の質問応答記録書が作
　　　成され、そこには、本件各事業年度の売上げ及び原価が記載された別紙が添
　　　付された。
　(ハ)　令和2年3月23日に行った本件調査について
　　A　本件調査担当職員らは、上記(ロ)のEの別紙の金額等に誤りがあったことか
　　　ら、請求人の事務所兼本件代表者の自宅に赴き、当該誤りの訂正等を内容と
　　　する令和2年3月23日付の質問応答記録書を作成するとともに、本件代表者
　　　に対し、本件調査結果を説明するため夕方頃連絡する旨を約束した。
　　B　その後、原処分庁は、本件調査結果について審議を行った結果、上記(ロ)の
　　　Aの本件代表者に説明した内容と同一の内容で本件決裁を了したことから、
　　　本件調査担当職員らは、本件代表者に電話をし、本件決裁が終了した旨や本
　　　件調査結果の説明は上記(ロ)のAの本件代表者に説明した内容と同一の内容で
　　　ある旨を説明し、併せて、令和2年3月19日に請求人から預かっていた本件
　　　各申告書を本日（同月23日）収受する旨を伝えた。
　ロ　検討及び請求人の主張に係る判断
　(イ)　上記イの(ロ)のAのとおり、本件代表者は本件調査担当職員らから本件各申告
　　　書の案の内容の説明を受けており、その内容を理解した上で社判及び代表者印
　　　を押印して本件各申告書を作成したものと認められる上、上記イの(ロ)のB及び
　　　Cのとおり、本件代表者が望んだため本件調査担当職員らが本件各申告書を持
　　　ち帰り預かることになったものであって、その際、本件調査担当職員らは、本
　　　件各申告書は本件決裁の後に収受する旨本件代表者から了承を得ている。そし
　　　て、上記イの(ハ)のBのとおり、本件決裁の後の本件代表者に対する電話での説
　　　明において、本件決裁が終了した旨や当該説明当日に本件各申告書を収受する
　　　旨を伝えた上で、そのとおりに本件各申告書を収受したのであるから、本件各
　　　申告書の作成・収受に関する本件調査担当職員らの行為に違法とされる点は認
　　　められない。
　　　　なお、上記イの(ロ)のA及びDのとおり、本件調査担当職員らは、本件決裁や
　　　同決裁後の本件調査結果の説明に先立ち、本件代表者に対し、調査内容の説明
　　　並びに本件教示書面の交付及び同書面に係る説明を行っている。しかしながら、
　　　通則法第74条の11第2項及び同条第3項に基づく各説明より前に、調査を受け

た納税者に対し、調査内容の説明を行うことや期限後申告に伴う法的効果の説明を行うことを禁じる規定等はない上、上記イの(ハ)のＢのとおり、本件調査担当職員らは、本件決裁後に、電話で本件代表者に対し、本件決裁が終了した旨や本件調査結果の説明は上記イの(ロ)のＡの本件代表者に説明した内容と同一の内容である旨説明しているのである。また、本件調査担当職員らが、本件決裁の前に本件教示書面の交付や同書面に係る説明を行ったのは、上記イの(ロ)のＢのとおり、本件代表者が、本件決裁の前に、本件各申告書を持ち帰るよう望み、それを本件決裁の後で収受することについて本件代表者の了承を得て預かることになったため、納税者の便宜に配意したものと考えられるから、上記イの(ロ)のＡ及びＤの各説明が違法となるものではない。

その他、本件調査の手続に違法な点はない。

(ロ) 請求人は、上記３の(1)の「請求人」欄のイのとおり、本件決裁の前に本件教示書面を手交し説明したこと等は通則法第74条の11に違反する旨主張するが、本件調査の手続に違法な点がないことは上記(イ)のとおりであるから、この点に関する請求人の主張には理由がない。

また、請求人は、上記３の(1)の「請求人」欄のロのとおり、原処分庁が非違の内容を説明していないから本件調査結果の説明があったとはいえない旨主張するが、上記イの(ハ)のＢのとおりの事実が認められることからすると、非違の内容は説明されており、本件調査結果の説明はあったものと認められる。

さらに、請求人は、上記３の(1)の「請求人」欄のロのとおり、原処分庁は金額等が誤っていた上記イの(ロ)のＥの別紙に基づき本件各申告書の案を説明し、内容に誤りのある本件各申告書の案に代表者印等を押印させ、かつ、令和２年３月23日には面談も電話連絡もなかった旨主張する。そして、その証拠として、同日に、本件代表者が、ｄ市にある○○店に来店した旨の記載がある同店従業員作成に係る「事実の確認書」と題する書面を当審判所に提出している。

確かに、上記イの(ロ)のＥの別紙の金額等には、その内容において一致する本件検討表、本件各申告書及び令和２年３月23日付質問応答記録書の別紙の金額等と相違している箇所が存在していることが認められる。

しかしながら、上記イの(ロ)のＡのとおり、本件調査担当者らによる本件各申告書の案についての説明は、本件検討表に基づき行われたものと認められる上、

本件各申告書の記載自体が訂正された事実は認められず、当審判所の調査によっても本件各申告書の記名及び印影に不自然な点はない。加えて、上記イの(イ)のBのとおり、令和2年3月23日付の質問応答記録書に本件代表者の署名及び押印があることからすると、上記イの(ハ)のAのとおり、上記イの(ロ)のEの別紙の金額等の誤りは令和2年3月23日に本件代表者によって任意に訂正されていたものと認められ、上記イの(ロ)のEの別紙の金額等の誤りが是正された上で、上記イの(ハ)のBのとおり、本件調査担当者らにより本件代表者に対し、預かっていた本件各申告書を収受する旨が伝えられたものと認められる。

　　また、当審判所の調査によれば、本件代表者が令和2年3月23日に○○店に訪店していないことが確認されており、一方で、上記イの(ハ)のAのとおり、同日に本件調査担当職員らが請求人の事務所兼本件代表者の自宅に赴き、本件代表者と面談したことが認められる。

　　よって、上記3の(1)の「請求人」欄のロの請求人の主張には理由がない。

(ハ)　以上のとおり、本件調査の手続に原処分を取り消すべき違法があるとは認められない。

(2)　争点2（請求人に、通則法第68条第2項に規定する「隠蔽し、又は仮装し」に該当する事実があったか否か。）について

イ　法令解釈

　　通則法第68条第2項は、納税者がその国税の課税標準等又は税額等の計算の基礎となるべき事実の全部又は一部を隠蔽し、又は仮装し、その隠蔽し、又は仮装したところに基づき法定申告期限までに納税申告書を提出しなかったときは、当該納税者に対して、重加算税を課する旨規定している。この隠蔽又は仮装に基づく無申告に対して重加算税を課する制度は、納税者が無申告について隠蔽、仮装という不正手段を用いていた場合に、無申告加算税よりも重い行政上の制裁を科することによって、悪質な納税義務違反の発生を防止し、もって申告納税制度による適正な徴税の実現を確保しようとするものである。

　　したがって、重加算税を課するためには、納税者が法定申告期限までに納税申告書を提出しなかったこと（無申告行為）そのものとは別に、隠蔽、仮装と評価すべき行為が存在し、これに合わせた無申告行為を要するものである。

　　そして、通則法第68条第2項に規定する「隠蔽し」とは、課税標準等又は税額

等の計算の基礎となる事実について、これを隠匿しあるいは故意に脱漏すること
をいい、「仮装し」とは、所得、財産あるいは取引上の名義等に関し、あたかも
それが真実であるかのように装う等、故意に事実をわい曲することをいうものと
解される。

　しかし、上記の重加算税制度の趣旨に鑑みれば、架空名義の利用や資料の隠匿
等の積極的な行為が存在したことまで必要であると解するのは相当でなく、納税
者が当初から課税標準等及び税額等を法定申告期限までに申告しないことを意図
し、その意図を外部からもうかがい得る特段の行動をした上、その意図に基づき
法定申告期限までに申告をしなかったような場合には、重加算税の上記賦課要件
が満たされるものと解するのが相当である。

ロ　認定事実

　　請求人提出資料、原処分関係資料並びに当審判所の調査及び審理の結果によれ
ば、以下の事実が認められる。

(イ)　本件代表者は、遅くとも平成27年頃には、請求人に利益が出ており、申告が
必要であるとの認識があった。

(ロ)　本件代表者は、令和2年2月5日及び同年3月19日、本件調査担当職員らに
対し、請求人の事業に関する書類は破棄した旨申述した。

(ハ)　本件代表者は、令和2年2月7日、本件調査担当職員らに対し、①L銀行○
○支店の本件代表者名義の普通預金口座の預金通帳4冊、②M銀行○○支店の
請求人名義の普通預金口座の預金通帳1冊、③N銀行○○支店の請求人名義の
普通預金口座の預金通帳1冊、及び④N銀行○○支店の本件代表者名義の普通
預金口座の預金通帳1冊の合計7冊の預金通帳を提示した。

　　また、同月20日、⑤L銀行○○支店の請求人名義の普通預金口座（口座番号
○○○○）の預金通帳1冊を提示した（以下、上記①ないし⑤に掲げる8冊の
預金通帳を「本件各通帳」という。）。

　　なお、本件代表者は、本件調査において、L銀行○○支店の請求人名義の普
通預金口座（口座番号○○○○）（以下「本件L口座」という。）に係る預金通
帳は提示しなかった。

　　また、本件L口座への請求人以外からの振込入金額は、平成26年3月期は
128,507,702円、平成27年3月期は286,892,280円、平成28年3月期は369,009円、

平成29年3月期は201,730円、平成30年3月期は1,730円及び平成31年3月期は1,730円であった。

 (ニ) 本件代表者は、令和2年2月5日、同月7日、同月20日、同月27日、同年3月5日及び同月12日に本件調査担当職員らに対し、管理していた請求人の収入に関する書類及び請求人の支出に関する領収証等の書類を提示した。

 (ホ) 本件調査担当職員らは、本件各通帳及び本件L口座に係る口座の入金履歴等を基に、請求人の取引先等に対する調査を実施するなどし、請求人の本件各事業年度に係る売上金額を確認した。

 (ヘ) 本件代表者が平成30年に使用していた手帳（以下「本件手帳」という。）の平成30年10月9日、同月15日及び翌16日の欄には、税務署へ行く旨の記載がある。

ハ 検討及び原処分庁の主張に係る判断

 (イ) 上記1の(3)のロ及び上記ロの各事実に照らすと、本件代表者は、遅くとも平成27年頃には、請求人に利益が出ており、申告が必要であるとの認識があったと認められるものの、無申告行為そのものとは別に、請求人に、隠蔽、仮装と評価すべき積極的な行為が存在し、これに合わせた無申告行為があったとは認められない。

 (ロ) 原処分庁は上記3の(2)の「原処分庁」欄のとおり、請求人には「隠蔽し、又は仮装し」に該当する事実があった旨主張する。確かに、上記1の(3)のロのとおり、請求人は、総勘定元帳等の帳簿を作成しておらず、また、上記ロの(ロ)のとおり、本件代表者は、事業に関する書類を破棄した旨申述したことが認められる。しかしながら、請求人が帳簿を作成していなかったことそれ自体は隠蔽とも仮装ともいえるものではない。また、本件代表者は、上記ロの(ハ)及び(ニ)のとおり一定の書類を提示しているところ、それ以外にいかなる書類が存在し何を破棄したのか等、書類の破棄に係る詳細が明らかでないことからすると、上記申述をもって、請求人が課税標準等又は税額等の計算の基礎となる事実について、これを隠匿しあるいは故意に脱漏したものと認めることはできない。

  さらに、原処分庁は、上記3の(2)の「原処分庁」欄のロ及びハのとおり、法定申告期限後の事情を主張するところ、これらは上記イの「納税者が当初から課税標準等及び税額等を法定申告期限までに申告しないことを意図し、その意

図を外部からもうかがい得る特段の行動をした上、その意図に基づき法定申告期限までに申告をしなかったような場合」に該当する旨主張するものとも取れるため、以下、検討する。

確かに、上記ロの(ロ)のとおり、本件代表者は書類を破棄した旨申述したことが認められるが、上記のとおり、書類の破棄に係る詳細が明らかでないことに加え、上記ロの(ハ)及び(ニ)のとおり、本件代表者が本件調査担当職員らに本件各通帳等の書類を提示していることからすると、本件事業を廃止したから書類を破棄した旨申述したことをもって、請求人が、当初から課税標準等及び税額等を申告しないことを意図し、その意図を外部からもうかがい得る特段の行動をしたものと認めることはできない。

また、上記3の(2)の「原処分庁」欄のハの主張については、確かに、上記ロの(ハ)のとおり、本件代表者において、本件L口座に係る預金通帳が提示されなかったことが認められるが、一方、本件代表者は、同口座以外の口座に係る預金通帳を本件調査担当職員らに提示している上、本件L口座の請求人以外からの振込入金額は、平成26年3月期及び平成27年3月期は多額であるものの、平成28年3月期以降は大きくその金額が減少し、特に平成30年3月期及び平成31年3月期の入金額は僅少であること並びに本件L口座と銀行、支店が同一の請求人名義の別の口座に係る預金通帳を提示していることなどからすると、本件L口座に係る預金通帳の存在を失念するなどして提示しなかった可能性を否定できず、同通帳のみを提示しなかったことをもって、請求人が、当初から課税標準等及び税額等を申告しないことを意図し、その意図を外部からもうかがい得る特段の行動をしたものと認めることもできない。そして、本件代表者は申告相談のために税務署を訪れた旨申述しているところ、上記ロの(ヘ)のとおり、本件手帳に税務署に行く旨記載されていること及びその他に特段これを疑うべき事情や証拠もないことからすると、むしろ本件代表者が申告相談のために税務署を訪問していたことがうかがわれるのであるから、本件代表者において、一貫して無申告の意図を有していたということはできない。

さらに、原処分庁は、上記3の(2)の「原処分庁」欄のロのとおり、本件段ボール箱を本件調査の時に本件調査担当職員らに提示しなかった旨主張する。しかしながら、本件段ボール箱の中に、特段重要な書類があったという証拠はな

いことに加え、上記ロの(ハ)及び(ニ)のとおり、本件代表者は、本件調査の時に、本件調査担当職員らに本件調査に必要な一定の書類は提示していることからすると、本件段ボール箱を提示しなかったことをもって、請求人が、当初から課税標準等及び税額等を申告しないことを意図し、その意図を外部からもうかがい得る特段の行動をしたものと認めることはできない。

なお、原処分庁は、上記3の(2)の「原処分庁」欄のイのとおり、本件代表者は、本件各決算報告書を作成しており、申告が可能であった旨主張する。しかしながら、同報告書の作成時期は明らかではない上、本件代表者が本件各決算報告書を作成していたことは、請求人に利益が出ており、申告が必要であることの認識があったことを裏付ける証拠になり得るとしても、それ以上に、無申告の意図を有していたことを外部からもうかがい得る特段の行動となるものではない。かえって、上記ロの(ヘ)のとおりの本件手帳の記載からすれば、請求人が上記3の(2)の「請求人」欄のイのとおり主張するように、税務相談のために本件各決算報告書を作成したものともいえるから、この点からも本件各決算報告書の作成をもって無申告の意図を有していたことを外部からもうかがい得る特段の行動になるとはいい難い。

以上のことからすると、本件代表者は、遅くとも平成27年頃には、請求人に利益が出ており、申告が必要であるとの認識があったということを考慮しても、請求人が、当初から課税標準等及び税額等を法定申告期限までに申告しないことを意図し、その意図を外部からもうかがい得る特段の行動をした上、その意図に基づき法定申告期限までに申告をしなかったと評価することはできない。

(ハ) したがって、請求人に、通則法第68条第2項に規定する「隠蔽し、又は仮装し」に該当する事実があったと認めることはできない。

(3) 争点3（請求人に、通則法第70条第4項第1号に規定する「偽りその他不正の行為」に該当する事実があったか否か。）について

イ 法令解釈

通則法第70条は、国税の更正、決定等の期間制限（賦課権の除斥期間）を規定しているところ、同条第4項において、偽りその他不正の行為によりその全部若しくは一部の税額を免れた国税についての更正決定等に関しては、その除斥期間を7年と規定し、それ以外の場合よりも長い除斥期間を規定している。これは、

— 19 —

偽りその他不正の行為によって国税の税額の全部又は一部を免れた納税者がある場合、これに対して適正な課税を行うことができるよう、それ以外の場合よりも長期の除斥期間を規定したものである。

したがって、ここでいう「偽りその他不正の行為」とは、税の賦課徴収を不能又は著しく困難にするような何らかの偽計その他の工作を伴う不正な行為を行っていることをいうのであって、単なる不申告行為などはこれに含まれないが、納税者が真実の所得を秘匿し、それが課税の対象となることを回避するため、法定申告期限までに申告をせず、殊更に税額を免れる行為も、それ自体単なる不申告などの不作為にとどまるものではなく、偽りの工作的不正行為といえるから、上記「偽りその他不正の行為」に該当するものと解するのが相当である。

ロ　検討及び原処分庁の主張に係る判断

(イ)　上記(2)のハのとおり、請求人が、請求人の課税標準等又は税額等の計算の基礎となる事実を隠蔽し、あるいは故意に脱漏したことは認められず、請求人が、当初から課税標準等及び税額等を法定申告期限までに申告しないことを意図し、その意図を外部からもうかがい得る特段の行動をした上、その意図に基づき法定申告期限までに申告をしなかったと評価することもできない。そして、その他原処分関係資料及び当審判所の調査の結果によっても、請求人が、税の賦課徴収を不能又は著しく困難にするような何らかの偽計その他の工作を伴う不正な行為、あるいは、真実の所得を秘匿し、それが課税の対象となることを回避するために法定申告期限までに申告をせず、殊更に税額を免れる行為を行っているとはいえない。

(ロ)　原処分庁は、上記3の(3)の「原処分庁」欄のとおり、本件代表者の行為は、税額を免れる意図の下で行った税の賦課徴収を不能又は著しく困難にするような偽計その他の工作を伴う不正な行為であると認められ、通則法第70条第4項第1号に規定する「偽りその他不正の行為」に該当する旨主張する。

しかしながら、請求人に、通則法第70条第4項第1号に規定する「偽りその他不正の行為」に該当する事実があったとは認められないことは、上記(イ)で説示したとおりであり、この点に関する原処分庁の主張には理由がない。

(ハ)　したがって、請求人に、通則法第70条第4項第1号に規定する「偽りその他不正の行為」に該当する事実があったとは認められない。

(4) 原処分の適法性について

イ 本件各事業年度の法人税に係る重加算税の賦課決定処分について

(イ) 平成26年3月期の法人税に係る重加算税の賦課決定処分について

上記(3)のロのとおり、請求人に、通則法第70条第4項第1号に規定する「偽りその他不正の行為」に該当する行為があったとは認められない。そうすると、請求人の平成26年3月期の法人税に係る重加算税の賦課決定処分は、同号が掲げる賦課決定には当たらないから、同条第1項第3号が規定する期限から7年を経過する日まですることができる場合には該当しない。

したがって、平成26年3月期の法人税に係る重加算税の賦課決定処分は、通則法第70条第1項柱書に規定する賦課決定の期間制限を超えてされた違法なものであり、その全部を取り消すべきである。

(ロ) 平成27年3月期ないし平成31年3月期の法人税に係る重加算税の各賦課決定処分について

上記(2)のハのとおり、請求人の平成27年3月期ないし平成31年3月期の法人税の無申告行為について、通則法第68条第2項に規定する重加算税の賦課要件を満たしていないところ、平成27年3月期ないし平成31年3月期の法人税の期限内申告書の提出がなかったことについて、通則法第66条第1項ただし書に規定する正当な理由があるとは認められず、また、その他の部分については請求人は争わず、当審判所に提出された証拠資料等によっても、無申告加算税の賦課要件は満たしていることが認められる。

したがって、平成27年3月期ないし平成31年3月期の法人税に係る重加算税の各賦課決定処分のうち無申告加算税相当額を超える部分の金額については、いずれも別紙1-1ないし別紙1-5の「取消額等計算書」のとおり取り消すべきである。

ロ 平成26年3月課税事業年度の復興特別法人税に係る重加算税の賦課決定処分について

上記(3)のロのとおり、請求人に、通則法第70条第4項第1号に規定する「偽りその他不正の行為」に該当する行為があったとは認められない。そうすると、請求人の平成26年3月課税事業年度の復興特別法人税に係る重加算税の賦課決定処分は、同号が掲げる賦課決定には当たらないから、同条第1項第3号が規定する

期限から7年を経過する日まですることができる場合には該当しない。

したがって、平成26年3月課税事業年度の復興特別法人税に係る重加算税の賦課決定処分は、通則法第70条第1項柱書に規定する賦課決定の期間制限を超えてされた違法なものであり、その全部を取り消すべきである。

ハ　平成28年3月課税事業年度ないし平成31年3月課税事業年度の地方法人税に係る重加算税の各賦課決定処分について

上記(2)のハのとおり、請求人の平成28年3月課税事業年度ないし平成31年3月課税事業年度の地方法人税の無申告行為について、通則法第68条第2項に規定する重加算税の賦課要件を満たしていないところ、平成28年3月課税事業年度ないし平成31年3月課税事業年度の地方法人税の期限内申告書の提出がなかったことについて、通則法第66条第1項ただし書に規定する正当な理由があるとは認められず、また、その他の部分については請求人は争わず、当審判所に提出された証拠資料等によっても、無申告加算税の賦課要件は満たしていることが認められる。

したがって、平成28年3月課税事業年度ないし平成31年3月課税事業年度の地方法人税に係る重加算税の各賦課決定処分のうち無申告加算税相当額を超える部分の金額については、いずれも別紙1－6ないし別紙1－9の「取消額等計算書」のとおり取り消すべきである。

ニ　本件各課税期間の消費税等に係る重加算税の各賦課決定処分について

上記(2)のハのとおり、請求人の本件各課税期間の消費税等の無申告行為について、通則法第68条第2項に規定する重加算税の賦課要件を満たしていないところ、本件各課税期間の消費税等の期限内申告書の提出がなかったことについて、通則法第66条第1項ただし書に規定する正当な理由があるとは認められず、また、その他の部分については請求人は争わず、当審判所に提出された証拠資料等によっても、無申告加算税の賦課要件は満たしていることが認められる。

したがって、本件各課税期間の消費税等に係る重加算税の各賦課決定処分のうち無申告加算税相当額を超える部分の金額については、いずれも別紙1－10及び別紙1－11の「取消額等計算書」のとおり取り消すべきである。

(5)　結論

よって、審査請求には理由があるから、原処分の全部又は一部を取り消すこととする。

別表1　審査請求に至る経緯（法人税）（省略）

別表2　審査請求に至る経緯（復興特別法人税）（省略）

別表3　審査請求に至る経緯（地方法人税）（省略）

別表4　審査請求に至る経緯（消費税等）（省略）

別紙1－1　取消額等計算書（省略）

別紙1－2　取消額等計算書（省略）

別紙1－3　取消額等計算書（省略）

別紙1－4　取消額等計算書（省略）

別紙1－5　取消額等計算書（省略）

別紙1－6　取消額等計算書（省略）

別紙1－7　取消額等計算書（省略）

別紙1－8　取消額等計算書（省略）

別紙1－9　取消額等計算書（省略）

別紙1－10　取消額等計算書（省略）

別紙1－11　取消額等計算書（省略）

関係法令

1　国税通則法（以下「通則法」という。）第66条（平成29年1月1日前に法定申告期限が到来した国税については、平成28年法律第15号による改正前のもの。）《無申告加算税》第1項は、期限後申告書の提出があった場合には、当該納税者に対し、その申告に基づき納付すべき税額に100分の15の割合を乗じて計算した金額に相当する無申告加算税を課する旨規定し、同項ただし書は、期限内申告書の提出がなかったことについて正当な理由があると認められる場合は、無申告加算税を課さない旨規定している。

　　また、通則法第66条第2項は、同条第1項に規定する納付すべき税額が50万円を超えるときは、同項の無申告加算税の額は、同項の規定にかかわらず、同項の規定により計算した金額に、その超える部分に相当する税額に100分の5の割合を乗じて計算した金額を加算した金額とする旨規定している。

2　通則法第68条（平成29年1月1日前に法定申告期限が到来した国税については、平成28年法律第15号による改正前のもの。）《重加算税》第2項は、同法第66条第1項の規定に該当する場合において、納税者がその国税の課税標準等又は税額等の計算の基礎となるべき事実の全部又は一部を隠蔽し、又は仮装し、その隠蔽し、又は仮装したところに基づき法定申告期限までに納税申告書を提出せず、又は法定申告期限後に納税申告書を提出していたときは、当該納税者に対し、政令で定めるところにより、無申告加算税の額の計算の基礎となるべき税額に係る無申告加算税に代え、当該基礎となるべき税額に100分の40の割合を乗じて計算した金額に相当する重加算税を課する旨規定している。

3　通則法第70条（令和2年法律第8号による改正前のもの。）《国税の更正、決定等の期間制限》第4項柱書及び第1号は、偽りその他不正の行為によりその全部若しくは一部の税額を免れた国税に係る加算税についての賦課決定は、同条第1項の規定にかかわらず、法定申告期限の経過の時から7年を経過する日まで、することができる旨規定している。

4　通則法第74条の11《調査の終了の際の手続》第2項は、国税に関する調査の結果、

更正決定等をすべきと認める場合には、税務署等の職員は、納税義務者に対し、その調査結果の内容（更正決定等をすべきと認めた額及びその理由を含む。）を説明するものとする旨規定している。

5　通則法第74条の11第3項は、同条第2項の規定による説明をする場合において、税務署等の職員は、当該納税義務者に対し修正申告又は期限後申告を勧奨することができる旨規定し、この場合において、当該調査の結果に関し当該納税義務者が納税申告書を提出した場合には不服申立てをすることはできないが更正の請求をすることはできる旨を説明するとともに、その旨を記載した書面を交付しなければならない旨規定している。

二　所得税法関係

〈令和4年7月〜9月分〉

事例2 （不動産所得　必要経費　減価償却費）

> **一括して売買された土地及び建物の購入の対価は、合理的な基準によりあん分して算定すべきであるとされた事例**（平成28年分から平成30年分までの所得税及び復興特別所得税の各更正処分並びに過少申告加算税の各賦課決定処分・一部取消し・令和4年9月9日裁決）
>
> **《ポイント》**
>
> 　本事例は、土地と建物が一括して売買され、当該売買契約において定められた土地及び建物それぞれの価額がその客観的な価値と比較して著しく不合理なものである場合には、所得税法施行令第126条第1項第1号イにいう「当該資産の購入の代価」は、合理的な基準により算定するのが相当であると判断したものである。

《要旨》

　請求人は、土地及び建物を一括で3物件（本件3物件）買い受けて貸付けの用に供したところ、各売買契約書に記載された土地及び建物の各価額（本件各内訳価額）は第三者間での相対の商取引において合意された価額であって合理的な価額といえるから、当該各建物に係る所得税法施行令第126条《減価償却資産の取得価額》第1項に規定する「当該資産の購入の代価」は、本件各内訳価額に基づいて算定すべきである旨主張する。

　しかしながら、固定資産税評価額は一般的に適切な時価を反映しているといえるところ、本件3物件の各売買代金総額は各固定資産税評価額総額を上回るのに対し、各建物価額はその固定資産税評価額を大きく上回る一方、各土地価額はその固定資産税評価額と同様か又は下回っている。本件においてそのような評価とすべき事情は見当たらず、本件各内訳価額に係る各建物価額は、各売買代金総額から過剰に価額が配分されたものというべきであり、客観的な価値と比較して著しく不合理なものである。そして、売主が土地及び建物を一括して譲渡する場合、建物の購入の代価について、売買代金総額を土地及び建物の各固定資産税評価額の価額比によりそれぞれあん分して算定することは、一般的には合理的な基準による算定であるといえるところ、本件各内訳価額に係る各建物価額についてはいずれも上記の不合理な場合に該当し、また、本件3物件の各固定資産税評価額が適正な時価を反映しているとはいえないような事情もないから、本件3物

件に係る各建物の購入の代価は、本件3物件の各売買代金総額を土地及び建物の各固定資産税評価額比によりそれぞれあん分して算定すべきである。

なお、本件3物件のうち2物件の各建物に係る取得価額に加算すべき仲介手数料の金額等及び本件3物件の各仲介手数料に係る繰延消費税額等について、いずれも計算誤りがあると認められるため、原処分はその一部を取り消すべきである。

《参照条文等》

所得税法第49条第1項

所得税法施行令第126条第1項

《参考判決・裁決》

大阪地裁令和2年3月12日判決（税資270号順号13395）

那覇地裁平成20年8月6日判決（税資258号順号11001）

那覇地裁平成16年9月21日判決（税資254号順号9752）

（令和4年9月9日裁決）

《裁決書（抄）》

1 事 実

(1) 事案の概要

　　本件は、賃貸用の土地及び建物を一括して購入した審査請求人（以下「請求人」という。）の不動産所得について、原処分庁が、売買契約書に記載された土地及び建物の価額が著しく不合理であることから、当該土地及び建物の固定資産税評価額の価額比に基づいて建物の取得価額を算定すべきであり、減価償却費が過大であるとして所得税等の更正処分等をしたのに対し、請求人が、当該売買契約書に記載された建物価額を基に取得価額を算定すべきとして、原処分の一部の取消しを求めた事案である。

(2) 関係法令

　イ　所得税法第49条《減価償却資産の償却費の計算及びその償却の方法》第1項は、居住者のその年12月31日において有する減価償却資産につきその償却費として同法第37条《必要経費》の規定によりその者の不動産所得の金額の計算上必要経費に算入する金額は、その取得をした日及びその種類の区分に応じ、償却費が毎年同一となる償却の方法、償却費が毎年一定の割合で逓減する償却の方法その他の政令で定める償却の方法の中からその者が当該資産について選定した償却の方法（償却の方法を選定しなかった場合には、償却の方法のうち政令で定める方法）に基づき政令で定めるところにより計算した金額とする旨規定している。

　ロ　所得税法施行令第126条《減価償却資産の取得価額》第1項は、減価償却資産の取得価額は、別段の定めがあるものを除き、次の各号に掲げる資産の区分に応じ当該各号に掲げる金額とする旨規定し、同項第1号は、購入した減価償却資産については、当該資産の購入の代価（引取運賃、荷役費、運送保険料、購入手数料、関税その他当該資産の購入のために要した費用がある場合には、その費用の額を加算した金額）及び当該資産を業務の用に供するために直接要した費用の額の合計額とする旨規定している。

(3) 基礎事実

　　当審判所の調査及び審理の結果によれば、以下の事実が認められる。

　イ　請求人は、平成8年頃から不動産賃貸業を営んでいる。

ロ　請求人が購入した不動産及び不動産売買契約書の記載内容等について

(イ)　請求人は、平成28年7月15日、別表1の順号1の土地及び建物（以下「本件
e物件」という。）をJ、K及びLから総額305,000,000円で買い受ける旨の売
買契約を締結し（以下、当該売買契約に係る契約書を「本件e物件契約書」と
いう。）、本件e物件を取得した後、同年8月、貸付けの用に供した。本件e物
件契約書には、上記の売買代金総額の内訳として、土地価額が91,500,000円、
建物価額が213,500,000円である旨記載されている（以下「本件e物件内訳価額」
という。）。

(ロ)　請求人は、平成29年9月17日、別表1の順号2の土地及び建物（以下「本件
f物件」という。）をMから総額31,000,000円で買い受ける旨の売買契約を締結
し（以下、当該売買契約に係る契約書を「本件f物件契約書」という。）、本件
f物件を取得した後、同年11月、貸付けの用に供した。本件f物件契約書には、
上記の売買代金総額の内訳として、土地価額が9,300,000円、建物価額が
21,700,000円である旨記載されている（以下「本件f物件内訳価額」という。）。

(ハ)　請求人は、平成29年12月25日、別表1の順号3の土地及び建物（以下「本件
g物件」といい、本件e物件及び本件f物件と併せて「本件各物件」という。
また、本件各物件に係る各土地及び各建物をそれぞれ「本件各土地」、「本件各
建物」という。）をNから総額19,500,000円で買い受ける旨の売買契約を締結し
（以下、当該売買契約に係る契約書を「本件g物件契約書」といい、本件e物
件契約書及び本件f物件契約書と併せて「本件各契約書」という。）、本件g物
件を取得した後、平成30年4月、貸付けの用に供した。本件g物件契約書には、
土地価額及び建物価額の記載はされていないが、平成30年4月12日付でNによ
る署名押印がある「譲渡対価証明書」と題する書面（以下「本件証明書」とい
う。）が作成されており、本件証明書には、本件g物件の譲渡対価のうち建物
価額が13,650,000円である旨記載されている（以下、当該建物価額及び本件g
物件契約書の売買代金総額から当該建物価額を差し引いた土地価額5,850,000円
を「本件g物件内訳価額」といい、本件e物件内訳価額及び本件f物件内訳価
額と併せて「本件各内訳価額」という。）。

ハ　固定資産税評価額について

固定資産税評価額は、固定資産評価基準によってされた不動産の評価に基づき

一定の基準時におけるその適正な時価（客観的な交換価値）として決定された価格を登録するものである（地方税法第341条《固定資産税に関する用語の意義》第5号、同法第349条《土地又は家屋に対して課する固定資産税の課税標準》及び同法第388条《固定資産税に係る総務大臣の任務》第1項等）。

ニ　本件各物件に係る固定資産税評価額について

(イ)　本件e物件に係る平成28年度の固定資産税評価額は、別表1の順号1の「固定資産税評価額」欄のとおりである（以下、同欄の土地及び建物の各固定資産税評価額の価額比を「本件e物件固定資産税評価額比」という。）。

(ロ)　本件f物件に係る平成29年度の固定資産税評価額は、別表1の順号2の「固定資産税評価額」欄のとおりである（以下、同欄の土地及び建物の各固定資産税評価額の価額比を「本件f物件固定資産税評価額比」という。）。

(ハ)　本件g物件に係る平成30年度の固定資産税評価額は、別表1の順号3の「固定資産税評価額」欄のとおりである（以下、同欄の土地及び建物の各固定資産税評価額の価額比を「本件g物件固定資産税評価額比」といい、本件e物件固定資産税評価額比及び本件f物件固定資産税評価額比と併せて「本件各固定資産税評価額比」という。）。

ホ　本件各物件に係る各仲介手数料について

上記ロの本件各物件の各売買契約に係る各仲介手数料は別表2のとおりである。

(4)　審査請求に至る経緯

イ　請求人は、平成28年分、平成29年分及び平成30年分（以下、これらを併せて「本件各年分」という。）の所得税及び復興特別所得税（以下「所得税等」という。）について、各確定申告書に別表3の「確定申告」欄のとおり記載して、いずれも法定申告期限までに申告した。

なお、請求人は、本件各年分における消費税及び地方消費税（以下「消費税等」という。）の経理処理について、消費税等の額とこれに係る対価の額とを区分して経理をする方式（いわゆる税抜経理方式）を採用していた。

ロ　請求人は、令和元年11月29日、平成29年分及び平成30年分の所得税等について、別表3の「修正申告」欄のとおりとする各修正申告書を提出した。

ハ　原処分庁は、上記ロに係る平成30年分の所得税等の修正申告に対し、令和3年2月26日付で、別表3の「賦課決定処分」欄のとおり、過少申告加算税の賦課決

定処分をした。

なお、請求人は、上記の賦課決定処分に対する不服申立てをしなかった。

ニ　原処分庁は、令和3年3月9日付で、本件各年分の所得税等について、別表3
の「更正処分等」欄のとおり、各更正処分（以下「本件各更正処分」という。）
及び過少申告加算税の各賦課決定処分（以下「本件各賦課決定処分」という。）
をした。

ホ　請求人は、令和3年4月6日、原処分の一部を不服として再調査の請求をした
ところ、再調査審理庁は、同年9月15日付で棄却する旨の再調査決定をした。

ヘ　請求人は、令和3年10月18日、再調査決定を経た後の原処分について、本件各
建物の購入の代価の算定方法に不服があるとして、審査請求をした。

2　争　点

本件各建物について、所得税法施行令第126条第1項第1号に規定する「当該資産
の購入の代価」は、本件各固定資産税評価額比をもって算定すべきか。

3　争点についての主張

原処分庁	請求人
本件各内訳価額は、①本件各建物は請求人が取得した時点でそれぞれ築27年、築40年及び築38年が経過しており、設備等が破損する等いずれも老朽化していたこと、②本件各物件に係る固定資産税評価額について、いずれも建物価額が土地価額を大きく下回っていること、③本件各内訳価額における土地及び建物の価額の割付比率は、本件各建物の築年数及び構造等がそれぞれ異なるにもかかわらず、一律に3対7であること及び④本件各物件の売主らに本件各建物の売却価額に係る認識がないこと、以上から、請求人と本件各物件の売主らとの交渉によって決められた客観的な価値に基づ	本件各内訳価額は、買主、売主双方がその価格、引渡し時期等あらゆる交渉を行った結果の産物であり、第三者間での相対の商取引において合意された価額であるから、合理的な価額といえる。 　したがって、本件各建物について、所得税法施行令第126条第1項第1号に規定する「当該資産の購入の代価」は、本件各内訳価額に基づいて算定すべきである。

くものとは認められず、恣意的で著しく不合理なものである。 　また、固定資産税評価額は、一般的には、土地及び建物等につき適正な時価を反映しているものであるから、本件各建物の購入の代価を本件各固定資産税評価額比に基づき算定することは、合理的な基準に基づくものであるといえる。 　したがって、本件各建物について、所得税法施行令第126条第1項第1号に規定する「当該資産の購入の代価」は、本件各固定資産税評価額比をもって算定すべきである。	

4　当審判所の判断

(1)　法令解釈

　　所得税法第49条第1項は、減価償却資産につきその償却費として同法第37条の規定により必要経費に算入する金額は、その取得をした日及びその種類の区分に応じ、その者が当該資産について選定した償却の方法等に基づき政令で定めるところにより計算した金額とする旨規定し、これを受けた所得税法施行令第126条第1項第1号は、購入した減価償却資産の取得価額について、「当該資産の購入の代価」及び「当該資産を業務の用に供するために直接要した費用の額」の合計額とする旨規定しているところ、上記「当該資産の購入の代価」は、建物を売買契約により取得する場合には、原則として当該売買契約により定められた代金額がこれに当たると考えられる。

　　しかしながら、土地と建物が一括して売買され、当該売買契約において定められた土地及び建物それぞれの価額がその客観的な価値と比較して著しく不合理なものである場合に、これを所得税法施行令第126条第1項第1号の「当該資産の購入の代価」としてそのまま認めれば、売買契約の際に、土地と建物への代金額の割り付けを操作することで容易に減価償却資産として必要経費に算入される額を過大に計

上することができることとなり、租税負担の公平の原則に反する結果となるのは明らかである。

　また、所得税法施行令第126条第1項第5号イは、同項各号に規定する方法以外の方法により取得した減価償却資産の取得価額を「その取得の時における当該資産の取得のために通常要する価額」などと規定していることからすれば、同項第1号イが、購入した減価償却資産の取得価額を「当該資産の購入の代価」と規定しているのは、第三者間で減価償却資産の売買を行う場合、通常であれば、その代金額が当該減価償却資産の適正な価額であるといえるからであって、その代金額が当該減価償却資産の適正な価額と比較して著しく不合理なものである場合にまで「当該資産の購入の代価」に当たると解するのは相当ではない。

　したがって、土地と建物が一括して売買され、当該売買契約において定められた土地及び建物それぞれの価額がその客観的な価値と比較して著しく不合理なものである場合には、同号にいう「当該資産の購入の代価」は、合理的な基準により算定するのが相当である。

(2)　本件各物件の各売主の申述

　イ　本件e物件の売主の一人であるJは、令和元年12月13日、P税務署を広域運営対象署として所掌するQ税務署長所属の調査担当者（以下「本件調査担当職員」という。）に対し、①本件e物件を譲渡する頃には給排水設備の更新が必要な状態であった旨、②本件e物件の譲渡に当たっては売買代金の総額を重視しており、本件e物件内訳価額は特に気にしていなかった旨及び③本件e物件内訳価額について請求人及び仲介業者と話をしたこともない旨それぞれ申述した。

　ロ　本件f物件の売主であるMは、令和元年11月18日、本件調査担当職員に対し、①本件f物件の売却を決めた原因は、当該物件の設備等がかなり破損しており、2階のバルコニーの修繕に約100万円を要することが判明したためである旨、②本件f物件内訳価額については、それにより自らの税負担に影響はないと考えていたことから、気にも留めることなく売買契約を締結した旨及び③本件f物件内訳価額は売主の都合で決めたものではなく、請求人と仲介業者が相談して決めたものである旨それぞれ申述した。

　ハ　本件g物件の売主であるNは、令和2年1月27日、本件調査担当職員に対し、①売却に当たっては売買代金の総額が大切であり、建物価額はどうでもよかった

旨及び②請求人との間で建物価額に係る交渉はしなかった旨それぞれ申述した。

ニ　なお、本件各物件の各売主の申述には、その申述内容の信用性に疑義を差し挟むべき事情は見当たらず、その信用性に特段の問題はない。

(3)　検討

イ　本件各内訳価額における本件各建物及び本件各土地それぞれの価額の合理性について

本件各契約書に係る各契約において定められた各売買代金総額について、当事者間に争いはない。

そして、上記１の(3)のロの(イ)ないし(ハ)のとおり、本件各契約書に係る各契約においては、土地及び建物が一括して売買されており、本件各契約書及び本件証明書には、本件各内訳価額が定められているから、本件各建物に係る「購入の代価」は、原則として、本件各内訳価額における本件各建物の価額がこれに当たると考えられるが、本件各内訳価額における本件各土地及び本件各建物それぞれの価額がその客観的な価値と比較して著しく不合理なものである場合には、本件各内訳価額における本件各建物の価額によることはできないこととなる。

そこで、本件各内訳価額における本件各土地及び本件各建物それぞれの価額の合理性について検討する。

なお、上記１の(3)のハのとおり、固定資産税評価額は、固定資産評価基準によってされた不動産の評価に基づき一定の基準時におけるその適正な時価（客観的な交換価値）として決定された価格を登録するものであることに照らし、一般的には、土地及び建物につき当該基準時の前後における適正な時価を反映しているものと解される。

(イ)　本件ｅ物件について

A　上記１の(3)のロの(イ)のとおり、本件ｅ物件契約書における売買代金は総額305,000,000円であるところ、この価額は、本件ｅ物件の平成28年度における土地及び建物の各固定資産税評価額の合計額である○○○○円の約○倍となっている。

B　また、本件ｅ物件内訳価額における建物価額213,500,000円は、当該建物に係る固定資産税評価額○○○○円の約○倍である一方で、本件ｅ物件内訳価額における土地価額91,500,000円は、当該土地に係る固定資産税評価額○○

○○円の約○倍となっている。つまり、本件 e 物件内訳価額における建物価額は、当該建物の固定資産税評価額を大きく上回る一方で、本件 e 物件内訳価額における土地価額は、当該土地の固定資産税評価額を下回っている。

C　そして、本件 e 物件の建物は、請求人が取得した時点（平成28年8月9日）において築約27年が経過しており、また、上記(2)のイのとおり、給排水設備の更新が必要な状態であったというのであり、本件 e 物件内訳価額における建物価額が当該建物の固定資産税評価額を大きく上回る評価をすべき事情は見いだせない。

D　また、本件 e 物件の土地について、一般的には基準時の前後における適正な時価を反映しているといえる固定資産税評価額を下回る評価をすべき事情も見いだせない。

E　そうすると、本件 e 物件内訳価額における建物価額は、本件 e 物件の売買代金総額から過剰に価額が配分されたものというべきであり、そのような配分による本件 e 物件内訳価額における建物価額及び土地価額は、それらの客観的な価値と比較して著しく不合理なものと認められる。

F　この点、請求人は、本件 e 物件内訳価額は第三者間での相対の商取引において合意された価額であるから合理的な価額である旨主張する。

しかしながら、上記AないしEで検討したところに加え、上記(2)のイのとおり、Jが、①本件 e 物件の譲渡に当たっては売買代金の総額を重視しており、本件 e 物件内訳価額は特に気にしていなかった旨、②本件 e 物件内訳価額について請求人及び仲介業者と話をしたこともない旨それぞれ申述しており、その申述内容からしても、本件 e 物件の売買代金総額から、その建物価額に価額を多く配分すべき合理的な理由を見いだすことはできず、本件 e 物件内訳価額における土地及び建物それぞれの価額は、その客観的な価値との比較において著しく不合理なものというべきである。

したがって、この点に関する請求人の主張には理由がない。

(ロ)　本件 f 物件について

A　上記1の(3)のロの(ロ)のとおり、本件 f 物件契約書における売買代金は総額31,000,000円であるところ、この価額は、本件 f 物件の平成29年度における土地及び建物の各固定資産税評価額の合計額である○○○○円の約○倍とな

っている。

B　また、本件 f 物件内訳価額における建物価額21,700,000円は、当該建物に係る固定資産税評価額○○○○円の約○倍である一方で、本件 f 物件内訳価額における土地価額9,300,000円は、当該土地に係る固定資産税評価額○○○○円の約○倍となっている。つまり、本件 f 物件内訳価額における建物価額は、当該建物の固定資産税評価額を大きく上回る一方で、本件 f 物件内訳価額における土地価額は、当該土地の固定資産税評価額を大きく下回っている。

C　そして、本件 f 物件の建物は、請求人が取得した時点（平成29年11月1日）において築約45年が経過しており、また、上記(2)のロのとおり、その設備等には相当の破損があり、2階のバルコニーの修繕に約100万円を要する状態であったというのであり、本件 f 物件内訳価額における建物価額が当該建物の固定資産税評価額を大きく上回る評価をすべき事情は見いだせない。

D　また、本件 f 物件の土地について、一般的には基準時の前後における適正な時価を反映しているといえる固定資産税評価額を大きく下回る評価をすべき事情も見いだせない。

E　そうすると、本件 f 物件内訳価額における建物価額は、本件 f 物件の売買代金総額から過剰に価額が配分されたものというべきであり、そのような配分による本件 f 物件内訳価額における建物価額及び土地価額は、それらの客観的な価値と比較して著しく不合理なものと認められる。

F　この点、請求人は、本件 f 物件内訳価額は第三者間での相対の商取引において合意された価額であるから合理的な価額である旨主張する。

しかしながら、上記AないしEで検討したところに加え、上記(2)のロのとおり、Mが、①本件 f 物件内訳価額については、それにより自らの税負担に影響はないと考えていたことから、気にも留めることなく売買契約を締結した旨、②本件 f 物件内訳価額は売主の都合で決めたものではなく、請求人と仲介業者が相談して決めたものである旨それぞれ申述しており、その申述内容からしても、本件 f 物件の売買代金総額から、その建物価額に価額を多く配分すべき合理的な理由を見いだすことはできず、本件 f 物件内訳価額における土地及び建物それぞれの価額は、その客観的な価値との比較において著しく不合理なものというべきである。

したがって、この点に関する請求人の主張には理由がない。

(ハ) 本件 g 物件について

A 上記 1 の(3)のロの(ハ)のとおり、本件 g 物件契約書における売買代金は総額 19,500,000円であるところ、この価額は、本件 g 物件の平成30年度における 土地及び建物の各固定資産税評価額の合計額である○○○○円の約○倍とな っている。

B また、本件 g 物件内訳価額における建物価額13,650,000円は、当該建物に 係る固定資産税評価額○○○○円の約○倍である一方で、本件 g 物件内訳価 額における土地価額5,850,000円は、当該土地に係る固定資産税評価額○○○ ○円の約○倍となっている。つまり、本件 g 物件内訳価額における建物価額 は、当該建物の固定資産税評価額を著しく上回る一方で、本件 g 物件内訳価 額における土地価額は、当該土地の固定資産税評価額とほぼ同額であり、本 件 g 物件内訳価額における建物価額は、本件 g 物件の売買代金総額が当該土 地及び当該建物の固定資産税評価額の合計額を上回る部分をほぼ全て配分し たものとなっている。

C そして、当該建物は、請求人が取得した時点（平成30年4月12日）におい て築約38年が経過していたところ、本件 g 物件内訳価額における建物価額が 当該建物の固定資産税評価額を著しく上回る評価をすべき事情は見いだせな い。

D そうすると、本件 g 物件内訳価額における建物価額は、本件 g 物件の売買 代金総額から著しく偏った過剰な価額が配分されたものというべきであり、 そのような配分による本件 g 物件内訳価額における建物価額及び土地価額は、 それらの客観的な価値と比較して著しく不合理なものと認められる。

E この点、請求人は、本件 g 物件内訳価額は第三者間での相対の商取引にお いて合意された価額であるから合理的な価額である旨主張する。

しかしながら、上記AないしDで検討したところに加え、上記(2)のハのと おり、Nが、①売却に当たっては売買代金の総額が大切であり、建物価額は どうでもよかった旨及び②請求人との間で建物価額に係る交渉はしなかった 旨それぞれ申述しており、この申述内容からしても、本件 g 物件の売買代金 総額から、その建物価額に価額を多く配分すべき合理的な理由を見いだすこ

— 40 —

とはできず、本件ｇ物件内訳価額における土地及び建物それぞれの価額は、その客観的な価値との比較において著しく不合理なものというべきである。

したがって、この点に関する請求人の主張には理由がない。

(ニ)　まとめ

上記(イ)ないし(ハ)のとおり、本件各内訳価額における本件各土地及び本件各建物それぞれの価額は、いずれもその客観的な価値と比較して著しく不合理なものと認められる。

ロ　合理的な基準により算定される本件各物件の建物の購入の代価について

上記イの(ニ)のとおり、本件各内訳価額における本件各土地及び本件各建物それぞれの価額は、いずれもその客観的な価値と比較して著しく不合理なものであると認められるから、本件各建物について、所得税法施行令第126条第１項第１号にいう「当該資産の購入の代価」は、合理的な基準により算定することとなる。そして、原処分庁は、本件各建物の購入の代価について、本件各契約書における売買代金総額を本件各固定資産税評価額比によりそれぞれあん分して算定していることから、この算定が合理的な基準による算定といえるか否かが問題となる。

この点、売主が土地及び建物を一括して譲渡する場合、当該土地と当該建物の合理的な価額比を把握できるのであれば、その価額比により代金総額をあん分して各購入の代価を算定する方法を用いることで、土地及び建物の双方に収益性に係る経済的価値が反映されることになり、土地及び建物が一括して売買される取引の実態に合致するといえる。そして、固定資産税評価額は、上記イのとおり、固定資産評価基準によってされた不動産の評価に基づき一定の基準時におけるその適正な時価（客観的な交換価値）として決定された価格を登録するものであることに照らし、一般的には、土地及び建物のそれぞれにつき当該基準時の前後における適正な時価を反映しているものと解される。そうすると、上記の場合において、建物の購入の代価について、売買代金総額を土地及び建物の各固定資産税評価額の価額比によりそれぞれあん分して算定することは、一般的には、合理的な基準による算定であるといえる。

これを本件各物件の売買についてみると、いずれも売主が土地及び建物を一括して譲渡する場合であり、本件各物件の固定資産税評価額が本件各物件の適正な時価を反映しているとはいえないような事情も特段見当たらず、本件各物件の固

定資産税評価額をもって本件各土地と本件各建物の合理的な価額比を把握できることから、本件各建物の購入の代価について、本件各契約書における売買代金総額を本件各固定資産税評価額比によりそれぞれあん分して算定することは、合理的な基準による算定であると認められる。

　ハ　小括

　　　上記イの(ニ)及び同ロのとおり、本件各内訳価額における本件各土地及び本件各建物それぞれの価額は、いずれもその客観的な価値と比較して著しく不合理なものと認められるから、本件各建物について、所得税法施行令第126条第1項第1号に規定する「当該資産の購入の代価」は、本件各契約書における売買代金総額を合理的な基準である本件各固定資産税評価額比によりそれぞれあん分して算定すべきである。

(4)　原処分の適法性について

　イ　本件各更正処分について

　　　上記(3)のハのとおり、本件各建物について、所得税法施行令第126条第1項第1号に規定する「当該資産の購入の代価」は、本件各固定資産税評価額比により算定すべきである。

　　　ところで、当審判所の調査の結果によれば、本件各更正処分において、本件f物件及び本件g物件の各建物に係る取得価額に加算すべき各仲介手数料の金額等及び本件各物件の各仲介手数料に係る繰延消費税額等について、いずれも計算誤りがあると認められる。

　　　これらに基づき、当審判所が認定した請求人の平成29年分及び平成30年分における本件f物件及び本件g物件の各建物に係る取得価額及び減価償却費は別表4のとおりとなり、また、本件各物件に係る繰延消費税額等の必要経費算入額は別表5のとおりとなる。そして、本件各年分の総所得金額及び納付すべき税額は別表6のとおりとなり、本件各更正処分の金額をいずれも下回るから、本件各更正処分は、いずれもその一部を取り消すべきである。

　　　なお、本件各更正処分のその他の部分については、請求人は争わず、当審判所に提出された証拠書類等によっても、これを不相当とする理由は認められない。

　ロ　本件各賦課決定処分について

　　　本件各更正処分は、上記イのとおり、いずれもその一部を取り消すべきである

から、本件各賦課決定処分の基礎となる税額は、平成28年分が〇〇〇〇円、平成29年分が〇〇〇〇円及び平成30年分が〇〇〇〇円となる。

また、これらの税額の計算の基礎となった事実が本件各更正処分前の税額の計算の基礎とされていなかったことについては、国税通則法第65条《過少申告加算税》第4項第1号に規定する正当な理由があるとは認められない。

したがって、請求人の過少申告加算税の額は、別紙1ないし別紙3の「4　課税標準等及び税額等の計算」の「裁決後の額　B」欄の「過少申告加算税、加算税の額」欄のとおりとなり、本件各賦課決定処分の金額にいずれも満たないから、本件各賦課決定処分は、いずれもその一部を取り消すべきである。

(5)　結論

よって、審査請求には理由があるから、原処分の一部を取り消すこととする。

別表1　本件各物件の一覧（省略）

別表2　本件各物件の各売買契約に係る各仲介手数料（省略）

別表3　審査請求に至る経緯（省略）

別表4　本件f物件及び本件g物件の各建物に係る取得価額及び減価償却費（審判所認定額）（省略）

別表5　本件各物件に係る繰延消費税額等の必要経費算入額（審判所認定額）（省略）

別表6　総所得金額及び所得税等の納付すべき税額（審判所認定額）（省略）

別紙1から3　取消額等計算書（省略）

三　法人税法関係

〈令和4年7月～9月分〉

事例3 （その他の資産の譲渡原価）

> 請求人が購入した電子マネーの購入対価について、その一部は売上原価として損金
> の額に算入されるとした事例（①平成27年1月1日から平成27年12月31日まで、平成
> 28年1月1日から平成28年12月31日まで、平成29年1月1日から平成29年12月31日ま
> で、平成30年1月1日から平成30年12月31日まで及び平成31年1月1日から平成31年
> 2月28日までの各事業年度の法人税の各更正処分及び過少申告加算税の各賦課決定処
> 分、②平成27年1月1日から平成27年12月31日まで、平成28年1月1日から平成28年
> 12月31日まで、平成29年1月1日から平成29年12月31日まで及び平成30年1月1日か
> ら平成30年12月31日までの各課税事業年度の地方法人税の各更正処分及び過少申告加
> 算税の各賦課決定処分、③平成31年1月1日から平成31年2月28日までの課税事業年
> 度の地方法人税の更正処分、④平成27年1月1日から平成27年12月31日まで、平成28
> 年1月1日から平成28年12月31日まで、平成29年1月1日から平成29年12月31日まで、
> 平成30年1月1日から平成30年12月31日まで及び平成31年1月1日から平成31年2月
> 28日までの各課税期間の消費税及び地方消費税の各更正処分及び過少申告加算税の各
> 賦課決定処分・①②全部取消し、一部取消し、③全部取消し、④棄却・令和4年8月
> 4日裁決）
>
> 《ポイント》
> 　本事例は、電子マネーの購入対価が請求人の損金の額に算入されるか否かについて、
> 関連会社における当該電子マネーの管理状況や請求人への入金の状況等から、当該電
> 子マネーの一部は当該関連会社に譲渡したと認められ、その購入対価は請求人の売上
> 原価に該当すると判断した事例である。

《要旨》

　原処分庁は、請求人が購入した電子マネーについて、請求人の業務との関連性を有す
る用途に使用された事実が確認できないことから、当該電子マネーの購入対価は損金の
額に算入されない旨主張する。

　しかしながら、請求人が提出した証拠資料から、当該電子マネーの一部は関係法人に
譲渡した事実が認められることから、その取得価額は売上原価として損金の額に算入さ

れる。他方、その他の電子マネーについては、その費途が確認できず、請求人の業務との関連性の有無が明らかでないことから、その取得価額を損金の額に算入することはできない。

《参照条文等》

　法人税法第22条

（令和4年8月4日裁決）

《裁決書（抄）》

1　事　実

(1)　事案の概要

　　本件は、審査請求人（以下「請求人」という。）が、電子マネーの購入金額を売上原価として損金の額に算入したことについて、原処分庁が、その使途が不明であるから損金の額に算入されないなどとして、法人税等の更正処分等をしたところ、請求人が、当該電子マネーは関連会社に譲渡されており、売上げも計上されていることから売上原価として損金の額に算入されるものであるなどとして、原処分の一部の取消しを求めた事案である。

(2)　関係法令

　イ　法人税法第22条第1項は、内国法人の各事業年度の所得の金額は、当該事業年度の益金の額から当該事業年度の損金の額を控除した金額とする旨規定し、同条第3項は、内国法人の各事業年度の所得の金額の計算上当該事業年度の損金の額に算入すべき金額は、別段の定めがあるものを除き、①当該事業年度の収益に係る売上原価、完成工事原価その他これらに準ずる原価の額（第1号）、②当該事業年度の販売費、一般管理費その他の費用（償却費以外の費用で当該事業年度終了の日までに債務の確定しないものを除く。）の額（第2号）、③当該事業年度の損失の額で資本等取引以外の取引に係るもの（第3号）とする旨規定している。

　ロ　消費税法第30条《仕入れに係る消費税額の控除》第1項柱書（平成27年9月30日以前に行う課税仕入れについては平成27年法律第9号による改正前のもの、平成27年10月1日以後令和元年9月30日以前に行う課税仕入れについては平成27年法律第9号によって改正された平成24年法律第68号による改正前のもの。以下同じ。）及び同項第1号は、事業者が国内において行う課税仕入れについては、当該課税仕入れを行った日の属する課税期間の課税標準額に対する消費税額から、当該課税期間中に国内において行った課税仕入れに係る消費税額を控除する旨規定している（以下、同項の規定により課税標準額に対する消費税額から控除する課税仕入れに係る消費税額を「控除対象仕入税額」といい、この控除を「仕入税額控除」という。）。

　ハ　消費税法第30条第7項本文（平成27年9月30日以前に行う課税仕入れについて

は、平成27年法律第９号による改正前のもの。以下同じ。）は、同条第１項の規定は、事業者が当該課税期間の仕入税額控除に係る帳簿及び請求書等を保存しない場合には、当該保存がない課税仕入れの税額については、適用しない旨規定し、同条第７項ただし書において、災害その他やむを得ない事情により、当該保存をすることができなかったことを当該事業者において証明した場合は、この限りではない旨規定している。

二　消費税法第30条第８項柱書（平成27年９月30日以前に行う課税仕入れについては、平成27年法律第９号による改正前のもの。以下同じ。）及び同項第１号は、同条第７項に規定する帳簿とは、次に掲げる事項が記載されているものをいう旨規定している。

(イ)　課税仕入れの相手方の氏名又は名称（同号イ）

(ロ)　課税仕入れを行った年月日（同号ロ）

(ハ)　課税仕入れに係る資産又は役務の内容（同号ハ）

(ニ)　課税仕入れに係る支払対価の額（同号ニ）

ホ　消費税法第30条第９項柱書及び同項第１号は、同条第７項に規定する請求書等とは、事業者に対し課税資産の譲渡等（消費税法等の規定により消費税が免除されるものを除く。）を行う他の事業者が、当該課税資産の譲渡等につき当該事業者に交付する請求書、納品書その他これらに類する書類で次に掲げる事項が記載されているものをいう旨規定している。

(イ)　書類の作成者の氏名又は名称（同号イ）

(ロ)　課税資産の譲渡等を行った年月日（同号ロ）

(ハ)　課税資産の譲渡等に係る資産又は役務の内容（同号ハ）

(ニ)　課税資産の譲渡等の対価の額（同号ニ）

(ホ)　書類の交付を受ける当該事業者の氏名又は名称（同号ホ）

(3)　基礎事実

当審判所の調査及び審理の結果によれば、以下の事実が認められる。

イ　請求人について

請求人は、情報処理・情報提供サービスに関する調査及びコンサルティング業務、広告代理業、日用品雑貨の販売並びに不動産の賃貸等を目的とする法人である。

なお、請求人の取締役及び株主は、H（以下「本件代表者」という。）のみである。

ロ　K社について

　　K社は、各種デジタルコンテンツの企画、制作、販売及び配信サービス、インターネット広告配信事業並びに通信販売業等を行うことを目的とする法人である。

　　なお、K社の代表取締役は、本件代表者である。

ハ　請求人の事業について

　　請求人の平成31年1月1日から同年2月28日までの事業年度（以下「31年2月期」という。）の法人税の確定申告書に添付された法人事業概況説明書には、①事業内容は、情報サービス業（主としてインターネット広告）、卸売業（EC）、不動産業である旨、②売上原価として、棚卸高のほか、外注費等がある旨、③従業員等は本件代表者以外はいない旨、それぞれ記載されている。

ニ　請求人の電子マネーの購入について

　(イ)　購入した電子マネー

　　　請求人は、L社から以下のAないしCの電子マネーを、M社、N社及びP社（以下、M社及びN社と併せて「P社等」という。）から以下のCの電子マネーをそれぞれ購入した。

　　A　Q

　　　Qとは、R社が発行する資金決済に関する法律第3条《定義》第5項に規定する第三者型前払式支払手段である。

　　　Qは、コンビニエンスストア等やインターネット上で購入でき、Q加盟店で電子書籍等の購入又はオンラインゲームや動画視聴等を利用する際に、Qの購入時に交付される〇〇〇〇IDを入力することにより、購入代金等を支払うことができるものである。

　　B　S

　　　Sとは、T社が発行する資金決済に関する法律第3条第5項に規定する第三者型前払式支払手段である。

　　　Sは、コンビニエンスストア等で購入又はインターネット上でウォレットにチャージすることができ、S加盟店で電子書籍等の購入又はオンラインゲームや動画視聴等を利用する際に、Sの購入時に交付される〇〇〇〇番号

を入力することにより、購入代金等を支払うことができるものである。

C　U

　　　Uとは、V社が発行する資金決済に関する法律第3条第5項に規定する第三者型前払式支払手段である。

　　　Uは、コンビニエンスストア等で購入でき、Xのウェブサイトにおいて商品等を購入する際に、Uの購入時に交付等される○○○番号をXのアカウントで入力することにより、購入代金を支払うことができるものである（以下、請求人が購入したUを「本件U」といい、請求人が購入したQ及びSと併せて「本件各電子マネー」という。また、上記Aの○○○○ID、同Bの○○○○番号、上記の○○○番号を併せて「本件ID等」という。）。

(ロ)　本件各電子マネーの購入に係る経理処理

　　　請求人は、本件各電子マネーの購入金額の税抜金額を売上原価として、別表1の「外注費計上額」欄のとおり、請求人の総勘定元帳の外注費勘定に計上した（以下、当該計上額を「本件各外注費」という。）。

ホ　請求人の卸売業（EC）について

(イ)　請求人の卸売業（EC）の流れ

　　　請求人は、商品を仕入れ、K社に販売しているが、これは請求人が商品の実物を移動させるのではなく、請求人の仕入れ及び販売はインターネット上で行う、いわゆる電子商取引の形態で行われている。

　　　具体的な商品の流れとしては、①請求人が仕入れた商品（以下、請求人が商品を仕入れる取引を「本件各商品仕入取引」といい、本件各商品仕入取引に係る各商品を「本件各仕入商品」という。）は、仕入先からK社のe事業所に直接納入され、②K社は、それをインターネット上のヤフーショッピングサイト内にある「Y」という店舗名で一般顧客に販売し、K社のe事業所から発送している。

(ロ)　本件各商品仕入取引に係る経理処理等

　　　請求人は、本件各商品仕入取引について、別表2－1ないし2－5のとおり、請求人の総勘定元帳の仕入高勘定（以下「本件各仕入高勘定」という。）に、本件各仕入商品の購入額の税抜金額相当額（以下「本件各仕入高」という。）の月ごとの合計額を、その月の最終日に計上し、仕入れの相手先の名称として

「相手科目　部門」欄に「長期借入金　H」又は「補助」欄に「H」と、「摘要」欄には「Y仕入〇月分」等と記載した。

　また、本件各仕入商品の購入に係る本件代表者からの請求書（以下「本件各請求書」という。）には、購入対価の合計額のみが記載され、「添付明細書の通りご請求いたします。」との記載はあるものの、本件各仕入商品の商品内容、購入年月日、購入金額等が分かる明細書は添付されていない。

(4)　審査請求に至る経緯

イ　請求人は、平成27年1月1日から同年12月31日まで、平成28年1月1日から同年12月31日まで、平成29年1月1日から同年12月31日まで及び平成30年1月1日から同年12月31日までの各事業年度（以下、順次「27年12月期」、「28年12月期」、「29年12月期」及び「30年12月期」という。）並びに31年2月期（以下、27年12月期ないし31年2月期を併せて「本件各事業年度」という。）の法人税について、青色の確定申告書に別表3の「確定申告」欄のとおり記載して、法定申告期限までに申告した。

　また、請求人は、平成27年1月1日から同年12月31日まで、平成28年1月1日から同年12月31日まで、平成29年1月1日から同年12月31日まで及び平成30年1月1日から同年12月31日までの各課税事業年度（以下、順次「27年12月課税事業年度」、「28年12月課税事業年度」、「29年12月課税事業年度」及び「30年12月課税事業年度」といい、これらを併せて「本件各課税事業年度」という。）並びに平成31年1月1日から同年2月28日までの課税事業年度（以下「31年2月課税事業年度」という。）の地方法人税について、青色の確定申告書に別表4の「確定申告」欄のとおり記載して、法定申告期限までに申告した。

　さらに、請求人は、平成27年1月1日から同年12月31日まで、平成28年1月1日から同年12月31日まで、平成29年1月1日から同年12月31日まで、平成30年1月1日から同年12月31日まで及び平成31年1月1日から同年2月28日までの各課税期間（以下、順次「27年12月課税期間」、「28年12月課税期間」、「29年12月課税期間」、「30年12月課税期間」及び「31年2月課税期間」といい、これらを併せて「本件各課税期間」という。）の消費税及び地方消費税（以下「消費税等」という。）について、確定申告書に別表5の「確定申告」欄のとおり記載して、法定申告期限までに申告した。

ロ　請求人は、平成29年9月1日に、27年12月期及び28年12月期の法人税の各修正申告書並びに28年12月課税期間の消費税等の修正申告書をそれぞれ別表3及び5の各「修正申告」欄のとおり記載して、いずれもZ税務署長へ提出した。

ハ　Z税務署長は、請求人に対し、令和2年7月28日付で、原処分庁所属の調査担当職員の調査に基づき、①請求人における本件各電子マネーの使途が不明であることから、本件各外注費の金額は損金の額に算入されないなどとして、別表3及び4の各「更正処分等」欄のとおり、本件各事業年度の法人税の各更正処分（以下「本件法人税各更正処分」という。）及び過少申告加算税の各賦課決定処分並びに本件各課税事業年度及び31年2月課税事業年度の地方法人税の各更正処分（以下「本件地方法人税各更正処分」という。）及び本件各課税事業年度の過少申告加算税の各賦課決定処分を、②本件各商品仕入取引については、本件各仕入高に係る帳簿（本件各仕入高勘定）及び本件各請求書は、消費税法第30条第7項に規定する帳簿及び請求書等の要件を充足していないから、本件各仕入高に係る消費税額を控除することはできないなどとして、別表5の「更正処分等」欄のとおり、本件各課税期間の消費税等の各更正処分（以下「本件消費税等各更正処分」といい、本件法人税各更正処分及び本件地方法人税各更正処分と併せて「本件各更正処分」という。）及び過少申告加算税の各賦課決定処分（以下「本件消費税等各賦課決定処分」といい、法人税の過少申告加算税の各賦課決定処分及び地方法人税の過少申告加算税の各賦課決定処分と併せて「本件各賦課決定処分」といい、本件各更正処分と本件各賦課決定処分を併せて「本件各更正処分等」という。）をそれぞれ行った。

ニ　請求人は、本件各更正処分等を不服として、令和2年10月16日に再調査の請求をしたところ、再調査審理庁は、令和3年2月16日付で棄却の再調査決定をした。

ホ　請求人は、再調査決定を経た後の原処分に不服があるとして、令和3年3月16日に審査請求をした。

2　争　点

(1)　本件各外注費は、本件各事業年度の損金の額に算入されるか否か（争点1）。

(2)　本件各仕入高に係る消費税額について、仕入税額控除が適用されるか否か（争点2）。

3　争点についての主張

(1) 争点１（本件各外注費は、本件各事業年度の損金の額に算入されるか否か。）について

原処分庁	請求人
以下のとおり、本件各外注費は本件各事業年度の損金の額に算入されない。 イ　本件各電子マネーは、請求人の業務との関連性を有する用途に使用された事実を確認することもできないことから、その具体的な使途やその使用時期が明らかではないため、本件各外注費の費途は不明であるといわざるを得ない。	以下のとおり、本件各外注費は本件各事業年度の損金の額に算入される。 イ　本件各電子マネーは、請求人が購入し、請求人において一切費消せずにＫ社に納入し、譲渡している。 　そうすると、本件各外注費は、Ｋ社に対する本件各電子マネーの売上げとして計上された収益に係る売上原価に該当する。 　また、当該売上げに対応する売上原価は本件各外注費以外一切計上していない。
ロ　請求人が、Ｋ社に本件各電子マネーを譲渡したことを明らかにできる具体的な証拠書類は確認されないから、本件各外注費が売上原価に該当するとは認められない。	ロ　本件各電子マネーがＫ社に納入されていることが分かる「メールの写し」及びＫ社で使用されたことが分かる「管理台帳」を証拠として提出しており、本件各電子マネーをＫ社に譲渡していることは明らかである。

(2) 争点２（本件各仕入高に係る消費税額について、仕入税額控除が適用されるか否か。）について

原処分庁	請求人
以下のとおり、請求人は消費税法第30条第７項に規定する帳簿及び請求書等の保存がないから、本件各仕入高に係る消費税額について、仕入税額控除が適用されない。	以下のとおり、請求人は消費税法第30条第７項に規定する帳簿及び請求書等の保存があるから、本件各仕入高に係る消費税額について、仕入税額控除が適用される。

イ 請求人は、本件各仕入高勘定への記載について、「摘要」欄において、「Y仕入〇月分」等と記載しているところ、当該記載からは譲り受けた資産の内容を知ることはできず、課税仕入れ等が行われたか否かの確認ができる程度の具体的な記載がされているとは認められないことから、本件各仕入高勘定には、消費税法第30条第8項第1号ハに規定する課税仕入れに係る資産又は役務の内容が記載されているとはいえない。	イ 本件各仕入高勘定の「摘要」欄に記載されている「Y仕入〇月分」等の記載は、請求人の事業内容から課税仕入れを行った資産の内容が明らかであり、消費税法第30条第8項第1号ハに規定する課税仕入れに係る資産の内容の要件を充足している。また、本件各仕入高勘定には、消費税法第30条第8項第1号イないしニに規定する事項全てが記載されている。
ロ 請求人は、本件各仕入高勘定の「相手科目」欄又は「補助」欄において、仕入れの相手先として「H」と記載しているが、請求人と本件代表者との間において、本件各商品仕入取引を行ったことを証する客観的資料はなく、本件代表者が本件各仕入高に係る真実の仕入先であるとは認められないことから、本件各仕入高勘定には、消費税法第30条第8項第1号イに規定する課税仕入れの相手先の氏名又は名称が記載されているとはいえない。	ロ 本件各商品仕入取引は、本件代表者が商品を仕入れ、K社が「Y」というサイトで販売しているが、請求人が名義上、当該取引の間に入るものであり、請求人における各帳簿の記載状況や請求書等から、本件代表者が課税資産の譲渡等を行った者であることは明らかである。
ハ 本件各請求書には、「添付明細書の通り」と記載されているが、当該添付明細書は添付されていないことから、本件各請求書には、消費税法第30条第9項第1号ハに規定する課税資産の譲渡等に係る資産又は役務の内容が記載されていると	ハ Y内で販売された商品は、請求人が仕入れた商品そのものであり、当該商品の明細書は、K社で作成されている。 また、本件各請求書に記載のある「添付明細書」は、上記明細書と同じであり、本件各商品仕入取引における請求人

はいえない。	及び本件代表者間の取引情報は電子メールによって授受されているから、電子データでK社兼請求人の事務所のパソコン内に保存されている。 　したがって、本件各請求書には、消費税法第30条第9項第1号イないしホに規定する事項が記載されている。

4　当審判所の判断

(1)　争点1（本件各外注費は、本件各事業年度の損金の額に算入されるか否か。）について

　イ　法令解釈

　　　法人税法第22条第1項は、内国法人の各事業年度の所得の金額は、当該事業年度の益金の額から損金の額を控除した金額とする旨規定し、同条第3項は、内国法人の各事業年度の所得の金額の計算上当該事業年度の損金の額に算入すべき金額は、別段の定めがあるものを除き、同項第1号の当該事業年度の収益に係る売上原価等の額、同項第2号の販売費、一般管理費その他の費用の額、及び同項第3号の損失の額で資本等取引以外の取引に係るものとする旨規定している。

　　　当該各規定に照らせば、内国法人の所得金額の計算上、損金の額に算入することができる支出は、当該法人の業務の遂行上必要と認められるものでなければならないというべきであり、支出のうち、費途の確認ができず、業務との関連性の有無が明らかではないものについては、損金の額に算入することができないというべきである。

　ロ　認定事実

　　　請求人提出資料、原処分関係資料並びに当審判所の調査及び審理の結果によれば、以下の事実が認められる。

　　(イ)　請求人はパソコンを所有していないため、請求人の電子メールによる取引については、本件代表者がK社の従業員に指示し、同従業員がK社の所有するパソコンにより、本件代表者が取得した「○○@○○」のメールアドレス（以下「本件メールアドレス」という。）を使用して行われていた。

— 57 —

(ロ)　Ｌ社から購入した本件各電子マネー

Ａ　本件代表者は、Ｋ社の従業員である電子マネー取引グループのリーダー（以下「電子マネー取引グループリーダー」という。）に、請求人が購入する電子マネーの種類、時期及び金額を指示し、電子マネー取引グループリーダーは、Ｌ社に対して請求人の名称を用いて、本件各電子マネーを注文した。

そして、本件代表者は、Ｋ社の経理業務を担当する従業員（以下「本件経理担当者」という。）に、上記の注文に係る購入代金を請求人の預金口座からＬ社へ支払うよう指示し、当該指示を受けた本件経理担当者が、請求人の預金口座からＬ社が指定した預金口座へ本件各電子マネーの購入代金を振り込んだ。

Ｂ　Ｌ社は、上記Ａの注文を受けた本件各電子マネーの購入代金の入金を確認した後、本件メールアドレスに、要旨以下の内容を記載したメール（以下「本件メール」という。）を送信した。

(A)　宛名として、「ＨＧ（請求人）　様」

(B)　請求人が購入した電子マネーの種類

(C)　請求人が購入した電子マネーの本件ID等

(D)　請求人が購入した電子マネーの額面金額

(E)　額面金額に対する割引率及び割引後の購入金額

Ｃ　本件メールは、上記(イ)及び(ロ)のＢのとおり、Ｋ社のパソコンで受信され、電子マネー取引グループリーダーは、本件メールに記載された本件各電子マネー（以下、本件各電子マネーのうちＬ社から購入したものを「Ｌ社購入本件各電子マネー」という。）のうち、Ｑ及びＳ（以下、これらを併せて「本件Ｑ等」という。）について、Ｑの○○○○ID及びＳの○○○○番号（以下、これらを併せて「本件Ｑ等ID」という。）ごとに記載した管理表（以下「本件管理表」という。）をＫ社のパソコンで作成し、本件Ｑ等IDごとに、残高及び使用事績を管理していた。

なお、本件管理表には要旨以下の内容が記載されている。

(A)　本件Ｑ等IDを本件管理表に記載した日

(B)　本件Ｑ等を使用するＫ社のパソコンの端末番号

(C)　本件Ｑ等ID

⒟ 本件Q等の額面金額

⒠ 本件Q等の使用事績

⒡ 本件Q等の残高がなくなったことの確認事績

D また、L社購入本件各電子マネーのうち、本件Uについては、本件代表者が電子マネー取引グループリーダーに指示して購入日当日に全額使用していたため、管理表は作成していない。

E K社は、K社の業務として行っている自身の運営するサイトでの電子書籍の購入等の際、日常的に電子マネーを使用していた。

㈏ P社等から購入した本件U

A 本件代表者は、請求人がP社等から本件Uを購入するために、P社等のインターネットのサイト上に設定した請求人名義の各口座（以下「本件各サイト設定口座」という。）に、本件経理担当者に指示して、あらかじめ上記購入に必要な金額を請求人の預金口座から入金させた。

B 本件代表者は、本件各サイト設定口座のID及びパスワードの管理を自身で行っていた。また、P社等から本件Uを購入する際には、購入する都度、本件代表者が、電子マネー取引グループリーダーに購入金額等を指示し、上記Aで入金した資金を使って購入した。

C P社等から購入した本件Uについては、○○○番号や使用事績等を管理する証ひょう類を作成していなかった。

㈡ 請求人の売上げに係る経理処理等

本件経理担当者は、本件代表者の指示を受け、K社に対する請求書を作成の上、売上高として請求人の総勘定元帳に計上し、請求人は、請求日付の翌月に請求人名義の預金口座に当該請求額の支払を受けた。

なお、上記のK社に対する請求書には、「明細」欄に「広告掲載費　電子マネーユーザー獲得パック」、「○○ネットワーク課金ありメニュー」、「Qユーザー獲得パック○月分」などと記載されているが、これらは、K社において電子マネーを使用して行う広告事業の業務名であり、請求人が行った業務名ではない。

ハ 検討

㈠ はじめに

本件各外注費が請求人の所得金額の計算上、損金の額に算入されるためには、上記イのとおり、本件各外注費が請求人の業務の遂行上必要と認められるものでなければならないことから、費途の確認ができず、請求人の業務との関連性の有無が明らかではないものについては、損金の額に算入することができないこととなる。

この点、請求人の主張のとおり、請求人が本件各電子マネーをK社に譲渡したのであれば、本件各外注費は請求人の業務の遂行上必要と認められ、その金額は譲渡した棚卸資産に係る取得価額に該当することから、法人税法第22条第3項第1号に規定する収益に係る売上原価として損金の額に算入されることとなる。

そこで、以下においては、本件各電子マネーが請求人からK社に譲渡されたか否かについて、検討を行うこととする。

㊁ L社購入本件各電子マネーについて

本件各電子マネーは本件ID等があれば使用することができるところ、請求人は、上記ロの㊁のBのとおり、本件ID等が記載された本件メールを受信したことにより、L社購入本件各電子マネーを取得した。

そして、上記ロの㊁のCのとおり、K社の電子マネー取引グループリーダーは、自社のパソコンで受信した本件メールに記載された本件Q等について、本件Q等IDごとに記載した本件管理表を作成し、本件Q等IDごとに残高及び使用事績を管理していたところ、同Cの(E)及び(F)のとおり、本件管理表には、本件Q等の使用事績及び残高がなくなったことの確認事績が記載されていることからすれば、K社が本件Q等を使用していた事実が認められる。

そうすると、請求人が取得した本件Q等は、取得と同時にK社に引き渡されたことに加え、現にK社において使用されていたことからしても、請求人からK社に譲渡されたと認められる。

一方、L社購入本件各電子マネーのうち本件Uについては、上記ロの㊁のDのとおり、管理表を作成していないから、K社において使用されたという事実は確認できないが、K社のパソコンで受信された本件メールに○○○番号が記載されており、K社において本件Uを自由に使用することができる状態にあったことからすると、本件Uについても、請求人の取得と同時にK社に引き渡さ

れた、すなわち譲渡されたと認められる。

　したがって、L社購入本件各電子マネーについては、請求人が購入と同時に
K社に譲渡したと認められる。

　ところで、上記ロの㈢のとおり、請求人はK社宛に請求書を発行して売上げ
を計上し、これに係る金銭も受領しているが、当該請求書にはK社において電
子マネーを使用して行う広告事業の業務名が記載されており、請求人が計上し
た売上げが、K社にL社購入本件各電子マネーを譲渡したことによるものであ
ると確認することはできない。しかしながら、パソコンもなく、従業員もいな
い請求人がK社のために電子マネーを使用した広告事業の業務等を行っていた
とは認め難く、上記のとおり、請求人はK社にL社購入本件各電子マネーを譲
渡したと認められる以上、請求人が当該請求書に基づき計上した売上げは、K
社にL社購入本件各電子マネーを譲渡したことによるものと認めざるを得ず、
L社購入本件各電子マネーの取得価額は、この売上げに係る売上原価であると
いえる。

(ハ)　P社等から購入した本件Uについて

　上記ロの(ハ)のA及びBのとおり、請求人がP社等から本件Uを購入していた
事実は認められるものの、同Cのとおり、○○○番号や使用事績等を管理する
証ひょう類を作成しておらず、K社においてメール等により本件Uを使用する
ために必要な○○○番号を把握していたことや、K社が使用したことを示す客
観的証拠はないから、請求人がP社等から購入した本件UをK社に譲渡したと
認めることはできない。

　また、請求人において、P社等から購入した本件Uを請求人の業務に使用し
た客観的証拠もないので、その費途は不明であるといわざるを得ない。

㈢　小括

　上記(ロ)のとおり、本件各外注費のうち、L社購入本件各電子マネーに係る部
分の金額は、K社に譲渡した棚卸資産に係る取得価額と認められるから、売上
原価の額に該当し、本件各事業年度の損金の額に算入される。

　なお、上記1の(3)のニの(ロ)のとおり、請求人は本件各外注費を消費税抜きの
金額で計上しているが、本件各電子マネーの譲渡は消費税法第6条《非課税》
第1項に規定する非課税取引に該当するので、法人税法第22条第3項第1号に

規定する収益に係る売上原価の額として本件各事業年度の損金の額に算入される
るのは、消費税込みの金額（別表1のL社の各「購入金額」欄の金額）となる。

　一方、P社等から購入した本件Uについては、上記(ハ)のとおり、その費途が
確認できず、請求人の業務との関連性の有無が明らかでないことから、本件各
外注費のうち、P社等から購入した本件Uに係る部分の金額は、本件各事業年
度の損金の額に算入されないこととなる。

ニ　原処分庁の主張について

　原処分庁は、上記3の(1)の「原処分庁」欄のとおり、本件各電子マネーが請求
人の業務との関連性を有する用途に使用された事実を確認することはできず、ま
た、請求人がK社に本件各電子マネーを譲渡したことは確認できないから、本件
各外注費は損金の額に算入されない旨主張する。

　しかしながら、L社購入本件各電子マネーについては、上記ハの(ロ)のとおり、
請求人が購入と同時にK社に譲渡したと認められるから、原処分庁の主張には理
由がない。

ホ　請求人の主張について

　請求人は、上記3の(1)の「請求人」欄のとおり、請求人が購入した本件各電子
マネーは、全てK社に譲渡しており、本件各外注費は損金の額に算入される旨主
張する。

　しかしながら、本件各電子マネーのうち請求人がP社等から購入したものにつ
いては、上記ハの(ハ)のとおり、K社に譲渡したと認めるに足る客観的証拠はなく、
また、その費途は明らかではないと認められることから、請求人の主張には理由
がない。

(2)　争点2（本件各仕入高に係る消費税額について、仕入税額控除が適用されるか否
か。）について

イ　法令解釈

　消費税法第30条第7項は、当該課税期間の課税仕入れ等の税額の控除に係る帳
簿及び請求書等が税務職員による検査の対象となり得ることを前提にしているも
のであり、事業者が、国内において行った課税仕入れに関し、同条第8項第1号
所定の事項が記載されている帳簿を保存している場合及び同条第9項第1号所定
の書類で同号所定の事項が記載されている請求書等を保存している場合において、

税務職員がそのいずれをも検査することにより課税仕入れの事実を調査することが可能であるときに限り、同条第1項を適用することができることを明らかにするものであると解される。そして、同条第7項の規定の反面として、事業者が上記帳簿及び請求書等を保存していない場合には同条第1項が適用されないこととなるが、このような法的不利益が特に定められたのは、資産の譲渡等が連鎖的に行われる中で、広く、かつ、公平に資産の譲渡等に課税するという消費税により適正な税収を確保するには、上記帳簿及び請求書等という確実な資料を保存させることが必要不可欠であると判断されたためである。

そして、帳簿及び請求書等に記載すべき内容として、消費税法第30条第8項第1号及び同条第9項第1号は、事業者に対し、課税仕入れ（課税資産の譲渡等）に係る取引の内容（行った年月日、資産又は役務の内容、対価の額）やその相手方の氏名又は名称を帳簿及び請求書等に記載することを義務付けているが、これも、上記のとおり、税務職員による検査を前提に、税務職員が保存されている帳簿及び請求書等の記載内容を前提にその相手方を調査すれば、容易に課税仕入れの取引状況を把握し、適正な申告がなされていたかを確認できるようにするためであり、かかる調査のためには、帳簿及び請求書等の記載に正確性が求められるのは当然である。

ロ　検討

(イ)　本件各仕入高に係る帳簿について

　　請求人が作成した本件各仕入商品の仕入れに関する帳簿は本件各仕入高勘定であるところ、本件各仕入高勘定には、上記1の(3)のホの(ロ)のとおり、取引の内容として「Y仕入〇月分」などの記載があるが、同(イ)のとおり、「Y」はK社がインターネットのサイト上に出店している店舗名であって、請求人が仕入れのため購入した商品の内容が分かる記載ではなく、また、月ごとの計上日、仕入れの相手先の名称、月ごとの合計仕入金額（税抜）が記載されているのみであり、本件各仕入商品の個々の購入年月日、支払対価の額は記載されていない。

　　したがって、本件各仕入高勘定は、消費税法第30条第8項第1号ロに規定する「課税仕入れを行った年月日」、同ハに規定する「課税仕入れに係る資産又は役務の内容」及び同ニに規定する「課税仕入れに係る支払対価の額」が記載

されている帳簿とは認められない。

(ロ) 本件各請求書について

　　請求人は、上記1の(3)のホの(ロ)のとおり、購入対価の合計額と「添付明細書
　の通りご請求いたします。」と記載のある本件各請求書を保存するのみで、請
　求人が仕入先から交付を受けるべき本件各仕入商品の明細書は、本件各請求書
　に添付されていないことから、本件各請求書には課税資産の譲渡等に係る資産
　又は役務の内容が記載されているとはいえない。

　　したがって、本件各請求書は、消費税法第30条第9項第1号ロに規定する
　「課税資産の譲渡等を行った年月日」、同ハに規定する「課税資産の譲渡等に係
　る資産又は役務の内容」及び同ニに規定する「課税資産の譲渡等の対価の額」
　が記載されている請求書とは認められない。

(ハ) 小括

　　以上のことからすると、本件各仕入高については、消費税法第30条第8項に
　規定する帳簿及び同条第9項に規定する請求書等が保存されているとはいえな
　いから、同条第7項に規定する帳簿及び請求書等の保存がない場合に該当し、
　また、当審判所の調査の結果によっても、請求人に、災害その他やむを得ない
　事情により当該保存をすることができなかったことを認めるに足る事実も確認
　できない。

　　したがって、本件各仕入高については消費税法第30条第1項の適用はされな
　いから、本件各仕入高に係る消費税額について仕入税額控除は適用されない。

(ニ) 請求人の主張について

　　請求人は、上記3の(2)の「請求人」欄のとおり、「Y仕入○月分」等の記載
　は、請求人の事業内容から課税仕入れを行った資産の内容が明らかである旨、
　本件各請求書に記載された「添付明細書」は、K社で作成されている仕入れた
　商品の明細書と同じで電子データで保存している旨主張する。

　　しかしながら、上記(ハ)のとおり、本件各仕入高については消費税法第30条第
　7項に規定する帳簿及び請求書等の保存がない場合に該当するから、請求人の
　主張には理由はない。

(3) 本件各更正処分の適法性について

　イ　本件法人税各更正処分

上記(1)のハの㈡のとおり、本件各外注費に計上した金額のうち、Ｌ社購入本件各電子マネーに係る金額に消費税相当額を加算した金額は、売上原価の額として本件各事業年度の損金の額に算入され、その他の金額については損金の額に算入されない。これを前提として、請求人の本件各事業年度の法人税の所得金額及び納付すべき税額を計算すると、別表６－１ないし６－５の「審判所認定額」欄の各金額のとおりであると認められる。

　そして、本件法人税各更正処分のその他の部分について、請求人は争わず、当審判所に提出された証拠資料等によっても、これを不相当とする理由は認められない。

　したがって、27年12月期、29年12月期及び31年２月期の法人税の納付すべき税額は、27年12月期の修正申告、29年12月期及び31年２月期の各確定申告の納付すべき税額といずれも同額となるから、これらの各事業年度の更正処分はいずれもその全部を取り消すべきであり、28年12月期及び30年12月期の法人税の納付すべき税額は、28年12月期及び30年12月期の法人税の各更正処分の納付すべき税額を下回るから、これらの各事業年度の更正処分は別紙１及び２のとおり、その一部を取り消すべきである。

ロ　本件地方法人税各更正処分

　上記イと同様、請求人の本件各課税事業年度及び31年２月課税事業年度の地方法人税の課税標準法人税額及び納付すべき税額を計算すると、別表７の「審判所認定額」欄の各金額のとおりと認められ、また、本件地方法人税各更正処分のその他の部分については、請求人は争わず、当審判所に提出された証拠資料等によっても、これを不相当とする理由は認められない。

　したがって、27年12月課税事業年度、29年12月課税事業年度及び31年２月課税事業年度の地方法人税の納付すべき税額は、各確定申告の納付すべき税額と同額となるから、これらの各課税事業年度の更正処分はその全部を取り消すべきであり、28年12月課税事業年度及び30年12月課税事業年度の地方法人税の納付すべき税額は、28年12月課税事業年度及び30年12月課税事業年度の地方法人税の各更正処分の納付すべき税額を下回るから、これらの各課税事業年度の更正処分は別紙３及び４のとおり、その一部を取り消すべきである。

ハ　本件消費税等各更正処分

上記(2)のロの(ハ)のとおり、本件各仕入高に係る消費税額について仕入税額控除は適用されず、これに基づき請求人の本件各課税期間の納付すべき消費税等の額を計算すると、いずれも別表5の「更正処分等」の各欄の金額と同額となる。

また、本件消費税等各更正処分のその他の部分については、請求人は争わず、当審判所に提出された証拠資料等によっても、これを不相当とする理由は認められない。

したがって、本件消費税等各更正処分はいずれも適法である。

(4) 本件各賦課決定処分の適法性について

イ 本件法人税各更正処分に係る各賦課決定処分

上記(3)のイのとおり、本件法人税各更正処分のうち、27年12月期、29年12月期及び31年2月期については、いずれもその全部を取り消すべきであるから、これに伴い、上記の各事業年度の過少申告加算税の各賦課決定処分もその全部を取り消すべきである。また、本件法人税各更正処分のうち、28年12月期及び30年12月期については、いずれもその一部を取り消すべきであるから、これに伴い、28年12月期及び30年12月期の過少申告加算税の各賦課決定処分もその一部を別紙1及び2のとおり取り消すべきである。

ロ 本件地方法人税各更正処分に係る各賦課決定処分

上記(3)のロのとおり、本件地方法人税各更正処分のうち、27年12月課税事業年度及び29年12月課税事業年度については、いずれもその全部を取り消すべきであるから、これに伴い、上記各課税事業年度の過少申告加算税の各賦課決定処分もその全部を取り消すべきである。また、本件地方法人税各更正処分のうち、28年12月課税事業年度については、その一部を取り消すべきであるから、これに伴い、28年12月課税事業年度の過少申告加算税の賦課決定処分もその一部を別紙3のとおり取り消すべきである。さらに、本件地方法人税各更正処分のうち、30年12月課税事業年度については、その一部を取り消すべきであるから、これに伴い、30年12月課税事業年度の過少申告加算税の賦課決定処分もその一部を取り消すべきであるが、国税通則法（以下「通則法」という。）第118条《国税の課税標準の端数計算等》第3項の規定により、過少申告加算税の計算の基礎となる税額の全額が1万円未満であるときにはその全額が切り捨てられることとなるので、30年12月課税事業年度の過少申告加算税は、その全部を取り消すのが相当である。

ハ　本件消費税等各賦課決定処分

　上記(3)のハのとおり、本件消費税等各更正処分はいずれも適法であり、本件消費税等各更正処分により納付すべき税額の計算の基礎となった事実が更正処分前の税額の基礎とされていなかったことについて、通則法第65条《過少申告加算税》第4項第1号に規定する「正当な理由」があるとは認められない。そして、本件各課税期間の過少申告加算税の額については、計算の基礎となる金額及び計算方法につき請求人は争わず、当審判所においても本件各課税期間の過少申告加算税の額は、本件消費税等各賦課決定処分の額といずれも同額であると認められる。

　したがって、本件消費税等各賦課決定処分はいずれも適法である。

(5)　結論

　よって、審査請求には理由があるから、原処分の一部を取り消すこととする。

別表1　本件各電子マネーの購入について（省略）

別表2－1　本件各仕入商品に係る本件各仕入高勘定について（27年12月期）（省略）

別表2－2　本件各仕入商品に係る本件各仕入高勘定について（28年12月期）（省略）

別表2－3　本件各仕入商品に係る本件各仕入高勘定について（29年12月期）（省略）

別表2－4　本件各仕入商品に係る本件各仕入高勘定について（30年12月期）（省略）

別表2－5　本件各仕入商品に係る本件各仕入高勘定について（31年2月期）（省略）

別表3　審査請求に至る経緯（法人税）（省略）

別表4　審査請求に至る経緯（地方法人税）（省略）

別表5　審査請求に至る経緯（消費税等）（省略）

別表6－1　審判所認定額　27年12月期（法人税）（省略）

別表6－2　審判所認定額　28年12月期（法人税）（省略）

別表6－3　審判所認定額　29年12月期（法人税）（省略）

別表6－4　審判所認定額　30年12月期（法人税）（省略）

別表6－5　審判所認定額　31年2月期（法人税）（省略）

別表7　審判所認定額（地方法人税）（省略）

別紙1から4　取消額等計算書（省略）

事例4 （役員報酬　過大報酬の判定）

　　請求人の取締役に対する給与の額に不相当に高額な部分はないとした事例（①平成27年12月1日から平成28年11月30日まで、平成28年12月1日から平成29年11月30日まで、平成29年12月1日から平成30年11月30日まで、平成30年12月1日から令和元年11月30日まで及び令和元年12月1日から令和2年11月30日までの各事業年度の法人税の各更正処分並びに過少申告加算税の各賦課決定処分（平成30年12月1日から令和元年11月30日までの事業年度の法人税の更正をすべき理由がない旨の通知処分を併せ審理）、②平成27年12月1日から平成28年11月30日まで、平成28年12月1日から平成29年11月30日まで、平成29年12月1日から平成30年11月30日まで及び令和元年12月1日から令和2年11月30日までの各課税事業年度の地方法人税の各更正処分並びに過少申告加算税の各賦課決定処分、③平成30年12月1日から令和元年11月30日までの課税事業年度の地方法人税の更正処分（更正をすべき理由がない旨の通知処分を併せ審理）・①全部取消し、一部取消し、②全部取消し、③一部取消し・令和4年7月1日裁決）

《ポイント》

　　本事例は、法人税法上の使用人兼務役員に該当しない取締役に対する役員給与について、請求人の代表者が作成した書面に当該取締役の役員報酬として記載された金額は、その算出過程及び書面の作成過程から、当該取締役に対する給与の積算根拠にすぎず、いわゆる形式基準限度額には当たらないと判断した事例である。

《要旨》

　　原処分庁は、各取締役が受けるべき報酬の割当額の決定を一任された代表取締役が作成した「取締役の報酬金額に対する決定書」（本件決定書）に記載された報酬金額は、法人税法施行令（令和3年政令第39号による改正前のもの。）第70条《過大な役員給与の額》第1号ロの「金銭の額の限度額」（形式基準限度額）に当たり、法人税法上の使用人兼務役員に該当しない取締役（本件取締役）に対しこれを超えて支給された金額は、不相当に高額な役員給与である旨主張する。

　　しかしながら、当該代表取締役は、本件取締役に対する役員給与について、取締役分と使用人分を勘案した上で、その合計額を支給額として決定したと認められ、本件決定

書に記載された金額は本件取締役に対する給与の額の積算根拠にすぎず、本件取締役の給与に係る形式基準限度額とは認められない。

《参照条文等》
　　法人税法第34条第2項
　　法人税法施行令第70条第1号

（令和4年7月1日裁決）

《裁決書（抄）》

1　事　実

(1)　事案の概要

　　　本件は、審査請求人（以下「請求人」という。）が、法人税の所得金額の計算上
　　損金の額に算入した取締役に対する役員給与の額について、原処分庁が、当該給与
　　の額には不相当に高額な部分の金額があり、当該金額は損金の額に算入されないな
　　どとして法人税等の更正処分等を行ったのに対し、請求人が当該給与の額に不相当
　　に高額な部分の金額はないとして、原処分の一部の取消しを求めた事案である。

(2)　関係法令

　　　関係法令は、以下に掲げたものを除き、別紙3のとおりである。なお、別紙3で
　　定義した略語については、以下、本文でも使用する。

　　イ　法人税法第34条第2項は、内国法人がその役員に対して支給する給与の額のう
　　　ち不相当に高額な部分の金額として政令で定める金額は、その内国法人の各事業
　　　年度の所得の金額の計算上、損金の額に算入しない旨規定している。

　　ロ　法人税法施行令第70条《過大な役員給与の額》（令和3年政令第39号による改
　　　正前のもの。以下同じ。）柱書は、法人税法第34条第2項に規定する政令で定め
　　　る金額は、法人税法施行令第70条各号に掲げる金額とする旨規定し、同条第1号
　　　において、次に掲げる金額のうちいずれか多い金額とする旨規定している。

　　　(イ)　内国法人が各事業年度においてその役員に対して支給した給与の額が、当該
　　　　役員の職務の内容、その内国法人の収益及びその使用人に対する給与の支給状
　　　　況、その内国法人と同種の事業を営む法人でその事業規模が類似するものの役
　　　　員に対する給与の支給状況等に照らし、当該役員の職務に対する対価として相
　　　　当であると認められる金額を超える場合におけるその超える部分の金額（同号
　　　　イ）（以下、この規定に基づく判定基準を「実質基準」という。）。

　　　(ロ)　定款の規定又は株主総会、社員総会若しくはこれらに準ずるものの決議によ
　　　　り、役員に対する給与として支給することができる金銭の額の限度額等を定め
　　　　ている内国法人が、各事業年度においてその役員（当該限度額等が定められた
　　　　給与の支給の対象となるものに限る。）に対して支給した給与の額の合計額が
　　　　当該事業年度に係る当該限度額等を超える場合におけるその超える部分の金額

（同号ロ）（以下、この規定に基づく判定基準を「形式基準」といい、役員に対する給与として支給することができる金銭の額の限度額として定められた金額を「形式基準限度額」という。）。

　また、同条第1号ロのかっこ書において、使用人兼務役員に対して支給する給与のうち使用人としての職務に対するものを含めないで限度額等を定めている内国法人については、その使用人としての職務に対する給与として支給した金額のうち他の使用人に対する給与の支給の状況等に照らし、当該職務に対する給与として相当であると認められる金額を除いて限度額等を超過するか否かを判定すべき旨規定している。

(3)　基礎事実

　当審判所の調査及び審理の結果によれば、以下の事実が認められる。

　なお、以下では、請求人の法人税の事業年度及び地方法人税の課税事業年度につき、各個別の終了年月をもって表記する（例えば、平成27年12月1日から平成28年11月30日までの期間は、法人税について「平成28年11月期」といい、地方法人税について「平成28年11月課税事業年度」という。）。また、原処分に係る法人税の各事業年度を併せて「本件各事業年度」といい、原処分に係る地方法人税の各課税事業年度を併せて「本件各課税事業年度」という。

イ　請求人は、平成12年1月○日に設立された、○○業を営む特例有限会社であり、その発行済株式の8割を株主等3人が保有する同族会社である。

ロ　本件各事業年度における請求人の法人税法第2条第15号に規定する役員は、代表取締役のE（以下「E代表」という。）、取締役のG（以下「本件取締役」という。）及び監査役のHの3名であった。

ハ　本件取締役は、請求人の設立当初から○○長（使用人）として従事し、平成18年4月○日の取締役就任後も、○○長としての職務を継続しており、「役員で労働者扱いの者」として労働保険に加入している。

ニ　本件各事業年度を通じて、本件取締役の株式の所有状況は次のとおりであり、本件取締役は、法人税法第34条第6項に規定する使用人としての職務を有する役員（以下「法人税法上の使用人兼務役員」という。）には該当しない。

(イ)　請求人の株主グループの第1順位であるE代表の株式所有割合は100分の30であり、また、株主グループの第2順位である本件取締役の株式所有割合は

100分の29であることから、本件取締役は、第1順位及び第2順位の株主グループに係る株式所有割合の合計が100分の50を超えるときにおける当該株主グループに属している。

 (ロ) 上記(イ)のとおり、本件取締役の株式所有割合は100分の29であることから、本件取締役の属する株主グループの株式所有割合が100分の10を超え、本件取締役の株式所有割合が100分の5を超えている。

ホ 請求人の定款第15条（報酬及び退職慰労金）には「取締役の報酬及び退職慰労金は、社員総会の決議をもって定める。」との定めがある。

ヘ 請求人の設立前に開催された平成12年1月○日の第1回定時社員総会において、取締役の受けるべき報酬の額を年額50,000,000円以内とし、各取締役の割当額は代表取締役に一任することが決議された。

ト 請求人は、平成27年1月28日に、取締役2名の出席の下に、取締役による会議を開催し、取締役各個の受けるべき報酬金額決定の件につき、代表取締役に一任する旨の決議を行った。

チ 請求人の平成27年1月28日付の「取締役の報酬金額に関する決定書」と題する書面（以下「本件決定書」という。）には、要旨次のとおりの記載がされ、E代表の記名と代表取締役印の押印がされている。

 (イ) 平成27年1月28日開催の取締役による会議において、取締役各個の受けるべき報酬金額については、これを代表取締役に一任すると全員一致をもって決議されたことにより、その報酬金額を決定し、平成27年2月1日以降支給される報酬金額より適用する。

 (ロ) 決定した報酬金額は、E代表は月額XXXXXX円、本件取締役は月額○○○○円である。

リ 請求人においては、本件決定書の作成と同時期に、要旨次の内容の「2015年2月1日以降支給」と題する書面（以下「本件支給明細書」という。）が作成された。

氏　　名	役員報酬	基本給	各種手当	通勤費	支給合計
E代表	XXXXXX円	一円	一円	一円	XXXXXX円
本件取締役	○○○○円	XXXXXX円	XXXXXX円	XXXXXX円	□□□□円

合　計	XXXXXX円	XXXXXX円	XXXXXX円	XXXXXX円	XXXXXX円

ヌ　請求人は、本件各事業年度において、本件取締役に対し月額□□□□円の給与
（以下「本件役員給与」という。）を支給し、総勘定元帳の「役員報酬」勘定に○
○○○円、「賃金」勘定に XXXXXX 円、「旅費交通費」及び「仮払消費税」勘定
に合わせて XXXXXX 円（その内訳は、令和元年9月までは旅費交通費
XXXXXX 円、仮払消費税等 XXXXXX 円、令和元年10月以降は旅費交通費
XXXXXX 円、仮払消費税等 XXXXXX 円）を毎月計上し、仮払消費税等を除く
各金額を本件各事業年度の法人税の所得金額の計算上、損金の額に算入した（以
下、本件役員給与のうち請求人が「役員報酬」勘定に計上した○○○○円を除く
金額の合計額を「本件賃金等計上額」という。）。

　　なお、請求人は、令和元年11月期の本件取締役に対する給与として、上記計上
額 XXXXXX 円（□□□□円の12か月分）の他に、令和元年11月30日付で、令和
元年12月13日に支給される給与の一部について、未払費用として「賃金」勘定に
XXXXXX 円、「旅費交通費」勘定及び「仮払消費税」勘定に合わせて XXXXXX
円をそれぞれ計上し、仮払消費税等を除く金額を損金の額に算入した（以下、こ
の未払費用に計上した額を「本件未払給与」という。）。

(4)　審査請求に至る経緯

イ　請求人は、本件各事業年度の法人税について別表1の「確定申告」欄のとおり、
本件各課税事業年度の地方法人税について別表2の「確定申告」欄のとおり記載
した青色の確定申告書をいずれも法定申告期限までに提出した。

ロ　請求人は、令和3年1月23日、令和元年11月期の法人税について別表1の「修
正申告」欄のとおり、令和元年11月課税事業年度の地方法人税について別表2の
「修正申告」欄のとおりとする修正申告書を提出した。

ハ　その後、請求人は、令和3年1月29日、雑収入の過大計上の減額を求め、令和
元年11月期の法人税について別表1の「更正の請求」欄のとおり、令和元年11月
課税事業年度の地方法人税について別表2の「更正の請求」欄のとおりとすべき
旨の更正の請求をした。

ニ　原処分庁は、原処分庁所属の調査担当職員の調査に基づき、令和3年8月30日
付で、雑収入の過大計上分を減算するとともに、本件取締役は法人税法上の使用

人兼務役員には該当せず、本件役員給与のうち不相当に高額な部分の金額は損金の額に算入されないなどとして、別表1及び別表2の「更正処分等」欄のとおり、本件各事業年度の法人税の各更正処分（以下「本件法人税各更正処分」という。）及び本件各課税事業年度の地方法人税の各更正処分（以下「本件地方法人税各更正処分」という。）並びに過少申告加算税の各賦課決定処分（以下「本件各賦課決定処分」という。）をした。

　　　また、原処分庁は、同日付で、上記ハの各更正の請求に対し、更正をすべき理由がない旨の各通知処分（以下、令和元年11月期の法人税に係る通知処分を「本件通知処分（法人税）」と、令和元年11月課税事業年度の地方法人税に係る通知処分を「本件通知処分（地方法人税）」といい、これらを併せて「本件各通知処分」という。）をした。

ホ　請求人は、本件法人税各更正処分及び本件地方法人税各更正処分並びに本件各賦課決定処分に不服があるとして、令和3年10月14日に審査請求をした。

　　　なお、本件各通知処分についても併せ審理する。

2　争　点

本件役員給与の額に不相当に高額な部分の金額はあるか否か。

3　争点についての主張

原処分庁	請求人
本件役員給与の額には、次のとおり形式基準による不相当に高額な部分の金額がある。 　なお、実質基準による不相当に高額な部分の金額は認められない。 (1)　次のイ及びロによれば、社員総会の決議により定めている本件取締役に係る形式基準限度額は、月額○○○○円である。 イ　第1回定時社員総会において、取締	本件役員給与の額には、次のとおり不相当に高額な部分の金額はない。 (1)　次のイ及びロによれば、請求人は本件取締役に対する給与を月額□□□□円と決定したのであって、同人に係る形式基準限度額を月額○○○○円と決定した事実はない。 イ　請求人は、本件取締役の報酬の額を

役が受けるべき報酬の割当額の決定を一任された代表取締役が作成した本件決定書には月額〇〇〇〇円と記載されている。

ロ　本件決定書には本件支給明細書において役員給与を決定する旨の記載はなく、また、本件支給明細書には代表取締役の氏名は記載されておらず、また代表取締役印も押印されていない。

(2)　本件取締役は法人税法上の使用人兼務役員に該当せず、法人税法施行令第70条第１号ロのかっこ書の適用はない。したがって、同人に対して支給した給与の額の合計額は全て役員給与となるから、上記(1)の形式基準限度額〇〇〇〇円を超える月額△△△△円は不相当に高額な役員給与に当たる。

　　なお、請求人が令和元年11月期に計上した本件未払給与についても、形式基準限度額を超過しているので、不相当に高額な部分の金額と認められる。

月額□□□□円と決定し、本件決定書に報酬金額の月額を〇〇〇〇円と記載し、総額□□□□円の内訳については本件支給明細書を別途作成し、これを本件決定書とともに議事録綴りに編てつしていた。

ロ　法人税法上の使用人兼務役員に該当しないとしても、民法上、会社法上及び労働保険上は使用人兼務役員であるから、委任契約に基づく役員報酬を本件決定書に記載し、雇用契約に基づく給与は本件決定書には記載せずに別途本件支給明細書に総額及びその内訳を記載した。

(2)　本件取締役が法人税法上の使用人兼務役員に該当しないとしても、役員報酬と使用人給与を区分して決定していれば、法人税法施行令第70条第１号ロのかっこ書の適用があると解釈すべきである。したがって、仮に形式基準限度額が月額〇〇〇〇円とされる場合であっても、形式基準限度額と比較すべき給与の額は、本件賃金等計上額△△△△円が含まれない役員報酬〇〇〇〇円のみであるから不相当に高額な役員給与の額はない。

　　なお、本件未払給与については、現金主義から発生主義に改めたことにより計上したものであり、形式基準限度額と比較すべき支給した給与の額には含まれな

	い。

4 当審判所の判断

(1) はじめに

　本件においては、本件取締役が法人税法上の使用人兼務役員に該当しないことについて争いはないところ、形式基準により本件役員給与の額に不相当に高額な部分の金額はあるか否かを判定するに際し、本件取締役に係る形式基準限度額が月額○○○○円と定められた事実があるか否かに争いがあるので、以下検討する。

(2) 認定事実

　請求人提出資料、原処分関係書類並びに当審判所の調査及び審理の結果によれば、次の事実が認められる。

イ　上記1の(3)のへのとおり、請求人の第1回定時社員総会において、取締役の受けるべき役員報酬の額を年額50,000,000円以内、各取締役の割当額については代表取締役に一任する旨決議した後、当該決議事項の改定はされていない。

ロ　本件取締役に対する平成18年4月以降の毎月の給与の支給状況は次の表のとおりであった。

支給年月		平成18年4月	平成18年5月から平成27年1月まで	平成27年2月以降
賃金台帳明細	役員報酬	○○○○円	○○○○円	○○○○円
	基本給等	XXXXXX円	XXXXXX円	△△△△円
支給額計		XXXXXX円	XXXXXX円	□□□□円

(3) 本件役員給与等に関するE代表の答述

イ　E代表は、本件役員給与等について、当審判所に対し、要旨次のとおり答述した。

(イ)　本件役員給与の決定について

　平成27年1月28日の取締役会において各取締役の受けるべき報酬金額の決定が代表取締役に一任されたことから、私は代表取締役として、平成27年2月1日以降支給される本件役員給与の額について、役員報酬分を月額○○○○円、使用人分を月額△△△△円とし、合計月額□□□□円を本件取締役に支給することを決定した。

(ロ)　本件役員給与の根拠について

　　　　請求人においては、従来から使用人が取締役に就任する場合、給与は取締役分を月額○○○○円とし、使用人分は、取締役に就任する前の年収を12か月で等分した金額を基準にしており、本件取締役の給与についても、その後の昇給等を経て使用人分は現在の月額△△△△円となっている。本件取締役は、生産管理全般の責任者という使用人としての業務は継続しており、これに取締役の職務が加わったものなので、月額□□□□円は妥当な金額と考えている。

(ハ)　本件決定書及び本件支給明細書の作成について

　　　　取締役報酬は委任契約に基づくもので、会社法に規定された手続が必要であることから、本件役員給与のうち取締役分であると認識していた月額○○○○円については、本件決定書を作成したが、本件賃金等計上額△△△△円については雇用契約に基づくものであり、本件決定書に記載するのは誤りであると判断して作成しなかった。

　　　　また、請求人においては、従来から使用人兼務役員については、労働保険に加入しており、労働保険料の算定に当たり、取締役分と使用人分とに区分して申請する必要があったことから、本件支給明細書を作成した。

ロ　上記イのE代表の答述内容は、本件決定書及び本件支給明細書の内容とも整合しており、信用性がある。

(4)　検討

イ　形式基準について

(イ)　上記1の(3)のヘ及び上記(2)のイによれば、請求人は、第1回定時社員総会において取締役の役員報酬の額を年額50,000,000円以内と決定し、各取締役の受けるべき役員報酬の額の決定については、業務執行機関である代表取締役に委任していたことが認められる。

　　　そして、本件各事業年度においては、上記1の(3)のト及びチのとおり、社員総会ないし取締役会から各取締役の受けるべき役員報酬の額の決定を委任されたE代表が、平成27年2月以降の支給額として、代表取締役に対しては月額XXXXXX円を支給することとし、本件取締役については、上記(2)のロ並びに(3)のイの(イ)及び(ロ)のとおり、取締役分は従来どおり月額○○○○円、使用人分は月額XXXXXX円から月額△△△△円に増額することが職務内容に照らして

適正であると考え、本件取締役に対する給与の支給額を□□□□円と決定したものと認められる。

(ロ) また、上記(3)のイの(ハ)によれば、E代表は、本件役員給与の支給額に係る決定内容を明らかにするため、本件決定書及び本件支給明細書を作成し、その際、本件取締役について、法人税法上の使用人兼務役員に該当しないとしても、使用人としての職務は継続して行っており、労働保険等の取扱上は使用人兼務役員に該当することから、本件決定書に本件取締役の使用人分を記載することは適当でないと判断し、これらの決定内容を本件決定書と本件支給明細書とに分けて記載したことが認められる。こうした書面の作成経緯によれば、E代表が本件取締役に対する給与のうち取締役部分を月額○○○○円であると認識していたとしても、それは、本件取締役に対する給与の額の積算根拠にすぎないというべきであり、この他に本件取締役に係る形式基準限度額を○○○○円と決定した事実を認めるに足る証拠はない。

(ハ) そして、本件各事業年度における本件役員給与の支給額（年額）は、XXXXXX円となり、これをE代表に対する給与の支給額（年額）XXXXXX円と合計してもXXXXXX円であり、請求人の第1回定時社員総会で定められた役員報酬の額の年額50,000,000円以内であると認められる。

　　よって、本件役員給与に形式基準を超える金額があるとは認められない。

ロ　不相当に高額な部分の存否について

　　本件役員給与の額に、実質基準による不相当に高額な部分の金額がないことについて当事者間に争いはないところ、当審判所の調査及び審理の結果によっても、本件取締役の職務の内容等に照らして本件役員給与の額が不相当に高額であるとは認められない。

　　以上によれば、本件役員給与の額に、法人税法第34条第2項に規定する不相当に高額な部分の金額は認められない。

(5) 原処分庁の主張について

　　原処分庁は、上記3の「原処分庁」欄のとおり、社員総会の決議により定められた本件取締役に係る形式基準限度額は取締役が受けるべき報酬の割当額の決定を一任された代表取締役が作成した本件決定書に記載された月額○○○○円である旨主張する。

しかしながら、上記(4)のイの(イ)及び(ロ)のとおり、E代表は、社員総会ないし取締役会から各取締役に支給すべき役員報酬の額の決定を委任され、本件取締役に対する給与として月額□□□円を支給することを決定したことが認められ、本件決定書に記載された月額〇〇〇〇円はその積算根拠にすぎないというべきであり、本件決定書の記載をもって本件取締役に係る形式基準限度額が月額〇〇〇〇円と定められたと認めることはできないから、原処分庁の主張には理由がない。

　　なお、原処分庁は、本件未払給与についても、形式基準限度額を超過しているので、不相当に高額な部分の金額と認められる旨主張するが、上記1の(3)のヌのとおり、本件未払給与の支給時期は令和元年12月13日であり、上記(4)のイの(ハ)のとおり、令和元年11月期の形式基準の判定対象には含まれないから、この点に関する原処分庁の主張は理由がない（本件未払給与が令和元年11月期の損金の額に算入されないことについては、後記(6)のロのとおりである。）。

(6)　本件法人税各更正処分及び本件通知処分（法人税）の適法性について

　イ　上記(4)のロのとおり、請求人が本件各事業年度において支給した役員給与の額について、法人税法第34条第2項に定める不相当に高額な部分の金額は認められない。

　ロ　また、令和元年11月期の本件未払給与については、令和元年12月13日に支給時期が到来する役員給与の額の一部であって、令和元年11月期における法人税法第34条第1項第1号の「当該事業年度の各支給時期における支給額が同額であるもの」に該当しないことから同号による損金算入の対象とはならず、かつ、同項第2号又は第3号に掲げる給与にも当たらない。そうすると、本件未払給与は、令和元年11月期の損金の額に算入することはできない。

　ハ　上記イ及びロに基づき、当審判所において、請求人の本件各事業年度の法人税の各所得金額、各納付すべき税額を計算すると、平成28年11月期、平成29年11月期、平成30年11月期及び令和2年11月期は、いずれも別表1の「確定申告」欄の各金額と同額となるので、これらの各事業年度に係る法人税の各更正処分は違法であり、いずれもその全部を取り消すべきである。

　ニ　同様に、請求人の令和元年11月期の法人税の所得金額、納付すべき税額を計算すると、別表3の「審判所認定額」欄のとおりとなることから、当該事業年度の法人税の更正処分及び本件通知処分（法人税）について、その一部を別紙1の

「取消額等計算書」のとおり取り消すべきである。

　　なお、これらの処分のその他の部分については、請求人は争わず、当審判所に提出された証拠資料等によっても、これを不相当とする理由は認められない。

(7) 本件地方法人税各更正処分及び本件通知処分（地方法人税）の適法性について

　イ　上記(6)に基づき、本件各課税事業年度の地方法人税に係る各課税標準法人税額及び各納付すべき税額を計算すると、平成28年11月課税事業年度、平成29年11月課税事業年度、平成30年11月課税事業年度及び令和2年11月課税事業年度は、いずれも別表2の「確定申告」欄の各金額と同額となるので、これらの各課税事業年度に係る地方法人税の各更正処分は違法であり、いずれもその全部を取り消すべきである。

　ロ　同様に、請求人の令和元年11月課税事業年度の地方法人税に係る課税標準法人税額及び納付すべき税額を計算すると、別表4の「審判所認定額」欄のとおりとなることから、当該課税事業年度の地方法人税の更正処分及び本件通知処分（地方法人税）について、その一部を別紙2の「取消額等計算書」のとおり取り消すべきである。

　　なお、これらの処分のその他の部分については、請求人は争わず、当審判所に提出された証拠資料等によっても、これを不相当とする理由は認められない。

(8) 本件各賦課決定処分の適法性について

　イ　上記(6)のハ及び(7)のイのとおり、平成28年11月期、平成29年11月期、平成30年11月期及び令和2年11月期の各事業年度の法人税の各更正処分並びに平成28年11月課税事業年度、平成29年11月課税事業年度、平成30年11月課税事業年度及び令和2年11月課税事業年度の各課税事業年度の地方法人税の各更正処分はいずれも違法であり、その全部を取り消すべきであるから、これらの各更正処分に係る各賦課決定処分は、その全部を取り消すべきである。

　ロ　上記(6)のニのとおり、令和元年11月期の法人税の更正処分及び本件通知処分（法人税）は、いずれもその一部を取り消すべきであるから、令和元年11月期の法人税の過少申告加算税の賦課決定処分の基礎となる税額は零円となり、当該賦課決定処分については、その全部を取り消すべきである。

(9) 結論

よって、審査請求には理由があるから、原処分の全部又は一部を取り消すことと
する。

別表1　審査請求に至る経緯（法人税）（省略）

別表2　審査請求に至る経緯（地方法人税）（省略）

別表3　令和元年11月期　審判所認定額（法人税）（省略）

別表4　令和元年11月課税事業年度　審判所認定額（地方法人税）（省略）

別紙1から2　取消額等計算書（省略）

関係法令

1　法人税法第２条《定義》第15号は、役員とは、法人の取締役、執行役、会計参与、監査役、理事、監事及び清算人並びにこれら以外の者で法人の経営に従事している者のうち政令で定めるものをいう旨規定している。

2　法人税法第34条《役員給与の損金不算入》（平成28年11月30日までに支給する給与については平成28年法律第15号による改正前のもの、同年12月１日から平成29年３月31日までにその支給に係る決議（当該決議が行われない場合はその支給。以下同じ。）をした給与については平成29年法律第４号（同年４月１日施行分）による改正前のもの、平成29年４月１日から同年９月30日までにその支給に係る決議をした給与については平成29年法律第４号（同年10月１日施行分）による改正前のもの、同年10月１日から平成31年３月31日までにその支給に係る決議をした給与については平成31年法律第６号による改正前のもの。以下同じ。）第１項柱書は、内国法人がその役員に対して支給する給与（退職給与及び一定のものを除く。）のうち同項各号に掲げる給与のいずれにも該当しないものの額は、その内国法人の各事業年度の所得の金額の計算上、損金の額に算入しない旨規定し、同項第１号は、その支給時期が１月以下の一定の期間ごとである給与で当該事業年度の各支給時期における支給額が同額であるものその他これに準ずるものとして政令で定める給与を掲げている。

3　法人税法第34条第６項（平成29年法律第４号による改正前は同条第５項、以下同じ。）は、使用人兼務役員とは、役員（社長、理事長その他政令で定めるものを除く。）のうち、部長、課長その他法人の使用人としての職制上の地位を有し、かつ、常時使用人としての職務に従事するものをいう旨規定している。

4　法人税法施行令第71条《使用人兼務役員とされない役員》第１項は、法人税法第34条第６項に規定する政令で定める役員は、法人税法施行令第71条第１項各号に掲げる役員とする旨規定し、同項第５号は、同項第１号ないし第４号に掲げるもののほか、同族会社の役員のうち次のイないしハの要件の全てを満たしている者を掲げている。

　　イ　当該会社の株主グループにつきその所有割合が最も大きいものから順次その順位を付し、その第１順位の株主グループの所有割合を算定し、又はこれに順次第２順

位及び第3順位の株主グループの所有割合を加算した場合において、当該役員が次に掲げる株主グループのいずれかに属していること。

(イ) 第1順位の株主グループの所有割合が100分の50を超える場合における当該株主グループ

(ロ) 第1順位及び第2順位の株主グループの所有割合を合計した場合にその所有割合がはじめて100分の50を超えるときにおけるこれらの株主グループ

(ハ) 第1順位から第3順位までの株主グループの所有割合を合計した場合にその所有割合がはじめて100分の50を超えるときにおけるこれらの株主グループ

ロ 当該役員の属する株主グループの当該会社に係る所有割合が100分の10を超えていること。

ハ 当該役員（その配偶者及びこれらの者の所有割合が100分の50を超える場合における他の会社を含む。）の当該会社に係る所有割合が100分の5を超えていること。

5 会社法（令和元年法律第70号による改正前のもの。以下同じ。）第361条《取締役の報酬等》第1項は、株式会社の取締役が受ける報酬等について、定款にその額を定めていないときは、株主総会の決議によって定める旨規定している。

6 会社法の施行に伴う関係法律の整備等に関する法律第2条は、会社法の施行の際に現に存する有限会社は株式会社として存続するもの（以下「特例有限会社」という。）とされ、旧有限会社の定款等はそれぞれ当該株式会社の定款等とみなす旨規定している。

裁決事例集（第128集）

令和 5 年 5 月10日　初版印刷
令和 5 年 5 月27日　初版発行

不　許
複　製

(一財)大蔵財務協会　理事長
発行者　木　村　幸　俊

発行所　一般財団法人　大　蔵　財　務　協　会
〔郵便番号　130-8585〕
東京都墨田区東駒形 1 丁目14番 1 号
（販　売　部）TEL 03(3829)4141・FAX 03(3829)4001
（出版編集部）TEL 03(3829)4142・FAX 03(3829)4005
URL　http://www.zaikyo.or.jp

本書は、国税不服審判所ホームページ掲載の『裁決事例集No.128』より転載・編集
したものです。

落丁・乱丁は、お取替えいたします。　　　　　　　　　印刷　㈱恵友社
ISBN978-4-7547-3118-2